LE PRÉSIDENT

SCÉNARIO : PHILIPPE MOREAU CHEVROLET
DESSIN : MORGAN NAVARRO
COULEUR : CHRISTIAN LEROLLE
AVEC L'AIDE PRÉCIEUSE D'AMÉLIE LEFÈVRE ET LUC PERDRISET

À mes petites beautés, Alexandra, Vadim et Gabriel.
PHILIPPE MOREAU CHEVROLET

À Bernard Stiegler, que j'ai beaucoup écouté en dessinant ces pages.
MORGAN NAVARRO

Direction éditoriale : Laurent Muller
Photogravure : Image Press Édition
Révision : Solène Bouton et Isabelle Paccalet
Fabrication : Maude Sapin

ISBN : 979-10-375-0259-9

Dépôt légal : novembre 2020
Achevé d'imprimer à Luçon en France par Pollina en novembre 2020 - 95280

Les Arènes
17-19, rue Visconti, 75006 Paris
Tél. 01 42 17 47 80
arenes@arenes.fr
www.arenes.fr

Et si la France était à son tour gagnée par le populisme spectacle? Il y a eu Donald Trump aux États-Unis, plus connu comme animateur de télé-réalité que comme homme d'affaires; Beppe Grillo, l'humoriste devenu chef de file du Mouvement 5 étoiles, en Italie ; ou Volodymyr Zelensky, satiriste, acteur et producteur, élu président en Ukraine après une campagne délirante. Et si la démocratie française était si épuisée qu'elle était mûre pour la dérision comme arme de pouvoir? Pour le comique qui se prend au sérieux ? Pour le clown président ?

La dérision ne constitue pas une opposition. Elle est une alternative au système démocratique. C'est un nouveau piège dans lequel les pays démocratiques tombent, les uns après les autres. Un piège dans lequel tout ce qui n'est pas nouveau, inattendu, excitant et drôle, n'existe plus. Où avoir tort ou raison n'a plus vraiment d'importance. Où un discours mesuré et articulé se fait balayer, puis détruire. Où le second degré devient, progressivement, le premier degré.

«Si vous voulez faire parler d'un sujet politique, il faut mettre Cyril Hanouna dedans.» Ce n'est pas un patron de chaîne qui a dit cela, mais une ministre, en sortant du plateau de « Touche pas à mon poste ».

Autrefois, les politiques déguisaient leur vacuité sous une façade de sérieux. Aujourd'hui, les clowns ont la tentation du sérieux. Je ne sais pas quelle perspective est la plus effrayante. Comme l'a dit le réalisateur Oliver Stone : «Les gens voient de plus en plus la politique comme un divertissement. Ils veulent être stimulés. Mais si vous traitez la politique comme un divertissement, vous en changez la raison d'être.»

J'ai eu l'idée de ce livre en quittant le plateau de « TPMP », où l'équipe m'avait invité pour parler de communication.

Cyril Hanouna, qui cumule plus d'heures d'antenne qu'aucun autre animateur, ou en réalité qu'aucun autre Français, exerce un pouvoir absolu sur son plateau, dans son émission et sur sa chaîne. C'est sans aucun doute l'homme le plus puissant du paysage audiovisuel. Il est présent sur nos écrans depuis plus de vingt ans.

Et, surtout, il aime la politique. Il a été le premier animateur à soutenir Emmanuel Macron. Il a multiplié les émissions avec des membres du gouvernement. Et il a même tenu conférence à l'Assemblée nationale. Mais il est, aussi, le premier à avoir ouvert son plateau aux Gilets jaunes.

Quand il est venu me parler et qu'il m'a serré la main, j'ai aperçu, derrière sa façade de clown – qui ne recule pas devant la brutalité ou l'humiliation, comme un Donald Trump –, un vrai politique. Qui parle à tout le monde et qui cherche à séduire. Qui est déroutant, attachant à sa manière. Je me suis demandé ce qu'il faudrait pour faire de cet homme un candidat. Il faudrait qu'il rencontre un communicant. Et une ambition.

C'est cette fable, pas si lointaine, que nous avons choisi de vous raconter, avec Morgan Navarro.

Quand un cauchemar devient une réalité, combien de temps mettons-nous à nous habituer? Et si ce cauchemar nous amuse, s'il nous divertit, ne sommes-nous pas déjà prêts à le vivre?

PHILIPPE MOREAU CHEVROLET

« Si vous voulez faire parler d'un sujet politique,
il faut mettre Cyril Hanouna dedans. »

MARLÈNE SCHIAPPA

« C'est un malheur du temps que les fous guident les aveugles. »

WILLIAM SHAKESPEARE, *LE ROI LEAR*

ÉCOUTEZ, POUR MOI, C'EST TRÈS SIMPLE...
EN 2022, N'IMPORTE QUI PEUT DEVENIR PRÉSIDENT DE LA RÉPUBLIQUE...
N'IMPORTE QUEL CANDIDAT QUI ARRIVE EN TÊTE AU PREMIER TOUR PEUT ESPÉRER DEVENIR...
06:36 · DIRECT
BFMTV
news 24/7
PRÉSIDENT DE LA RÉPUBLIQUE AU SECOND TOUR FACE À MARINE LE PEN...
IL SUFFIT DE 20 À 25 % DES VOIX, ET APRÈS ON A LES PLEINS POUVOIRS...
6:36 · DIRECT
FMTV
news 24/7
N'IMPORTE QUI PEUT DEVENIR PRÉSIDENT DE LA RÉPUBLIQUE !

BA
BRASSERIE PARIS B
HÉ!
MAIS ÇA VA PAS NON!
don't you know that you're Toxic...

BOLLORÉ

BOLLORÉ

BOLLORÉ
VOUS ÊTES JULIEN ? IL VOUS ATTEND.
IL DONNE TOUJOURS SES RENDEZ-VOUS AUSSI TÔT ?
MONSIEUR BOLLORÉ ARRIVE TOUS LES MATINS À 6 HEURES, VOUS VOUS HABITUEREZ.
JULIEN ! ENTREZ !

J'AIME LES BUREAUX VIDES.

LES IMMEUBLES VIDES, DANS LESQUELS ON MARCHE SEUL AVEC SES PENSÉES...
J'AURAIS PU AVOIR N'IMPORTE QUELS BUREAUX... DES HÔTELS PARTICULIERS DANS LE 8e OU DANS LE 7e COMME TOUS LES PARVENUS DE LA FINANCE OU DU POUVOIR, MAIS VOUS SAVEZ POURQUOI J'AI CHOISI PUTEAUX ?
EUH...
PARCE QUE JE SUIS UN MARIN !
PARIS EST COMME LA MER, JULIEN ! ON NE CONTRÔLE PAS LA MER.
AU FOND, ELLE S'EN FOUT DE VOUS.
MAIS J'AI APPRIS À NAVIGUER...
COMME MES ANCÊTRES AVANT MOI... COMME TOUS LES BOLLORÉ !
BRETONS ET MARINS DE PÈRE EN FILS !

ICI, C'EST MA CABANE...
MON PORT D'ATTACHE.
VOUS SAVEZ NAVIGUER, JULIEN ?
J'AI FAIT DE L'OPTIMIST QUAND J'ÉTAIS PETIT.
AH.
J'AI BESOIN D'UN COMMUNICANT COMME VOUS !
ON ME DIT QUE VOUS ÊTES LE MEILLEUR ESPOIR DE L'AGENCE. ET HAVAS NE RECRUTE QUE LES MEILLEURS !
JE LE SAIS, JE L'AI ACHETÉE POUR ÇA.
ÇA FAIT DE VOUS LE MEILLEUR DES MEILLEURS ! VOUS AVEZ 30 ANS MAJOR DE VOTRE PROMO À SCIENCES PO : IL EST TEMPS DE VOUS CONFIER UNE MISSION !
CHAQUE ANNÉE, HAVAS ENVOIE SES STARS DANS LES PLUS GRANDES MAISONS... NOUS AVONS DES COMMUNICANTS PARTOUT, JULIEN !
À BERCY...
AU QUAI D'ORSAY...

À L'ÉLYSÉE...
DANS TOUTES LES PLUS GRANDES INSTITUTIONS...
DANS TOUTES LES PLUS GRANDES ENTREPRISES ...
VOUS N'IMAGINEZ PAS LA PUISSANCE QUE VOUS AVEZ AU BOUT DES DOIGTS, JULIEN !
SI HAVAS RETIRAIT SES TROUPES, LE POUVOIR SERAIT SANS IMAGES ET SANS VOIX !
INVISIBLE ET MUET !
NOUS SOMMES DES BOUCHES QUI ÉCOUTENT, DES OREILLES QUI PARLENT...
AU FOND, NOUS SOMMES LE SECRET LE MIEUX GARDÉ DE LA RÉPUBLIQUE.
NOUS SOMMES LE VRAI GARANT DES INSTITUTIONS ET DE LA TRANQUILLITÉ PUBLIQUE.
LA POLICE, L'ARMÉE N'ARRIVENT QU'EN DERNIER RECOURS...
ET EN GÉNÉRAL, ELLES FONT DES DÉGÂTS !

AVEZ-VOUS ENVIE DE PARTICIPER À CETTE MISSION, JULIEN ?
AVEZ-VOUS ENVIE QUE JE VOUS CONFIE LA MISSION LA PLUS IMPORTANTE POUR HAVAS ET POUR MOI EN CE MOMENT ?
OUI !
TOUSSE TOUSSE !
OUI, JE...
JE SUIS PRÊT !
QUE VEULENT DIRE POUR VOUS LES LETTRES TPMP ?
TPMP ?... EUH... LE TRÉSOR PUBLIC ?
JE VAIS À BERCY ?

TPMP, JULIEN ! TPMP !!!
"TOUCHE PAS À MON POSTE"...
C8...
SÉWIT ?
VOUS ALLEZ AIDER UN HOMME EXCEPTIONNEL !
UN GRAND HOMME DE TÉLÉVISION...
UN GRAND ARTISTE...
CYRIL HANOUNA !
BOLLORÉ
cui !
cui !
cui !
TÛÛT !
TÛT !
TÛÛT
VRRR
VRRRR
VRRRR
TÛÛT !
TÛÛT

HANOUNA ?
J'ESPÈRE QUE TU PLAISANTES, JULIEN !
CLARISSA, MONSIEUR BOLLORÉ A 46 CHAÎNES DE TÉLÉVISION !
TOUT CANAL, C8, CNEWS, TÉLÉTOON...
ET IL A MISÉ 250 MILLIONS SUR CYRIL HANOUNA !
TU IMAGINES LA CONFIANCE !
C'EST COLOSSAL !
MAIS, JULIEN, RÉVEILLE-TOI !
ON NE DEMANDE PAS AU MEILLEUR COMMUNICANT DE PARIS DE SORTIR LES POUBELLES !
TU SAIS QUI C'EST HANOUNA, AU MOINS ?
AH MAIS NON, C'EST VRAI, TU REGARDES PAS LA TÉLÉ !
Les jeunes EM avec Macron
Sciences Po Paris
La République En Marche !
C'EST NOTRE PROJEEEET !
MAIS SI ! JE REGARDE "CHASSEURS D'APPART", "LE MEILLEUR PÂTISSIER"...
HA, HA ! T'ES MIGNON...
I ♥ NY
Ensemble
ANCE
HANOUNA, C'EST BIEN PIRE QUE ÇA, JULIEN !
Juillet
COMMENT TU VEUX QUE J'ANNONCE UN TRUC PAREIL À MES PARENTS !?

MOI QUI LEUR AVAIS ANNONCÉ QUE TU SERAIS MINISTRE UN JOUR...
PIRE QUE "CHASSEURS D'APPART" OU "LE MEILLEUR PÂTISSIER" ?
IL INVITE DES GILETS JAUNES EN PLATEAU !
DES GENS QUI DÉFONCENT DES BANQUES ET INCENDIENT LE FOUQUET'S
C'EST ÇA QUE TU VEUX CONSEILLER ?
MONSIEUR BOLLORÉ M'A DIT QUE C'ÉTAIT UNE ÉMISSION DE DÉBAT !
ET ARRÊTE DE L'APPELER "MONSIEUR BOLLORÉ", ON DIRAIT QUE T'AS DOUZE ANS.
MAIS REGARDE, IL A INVITÉ MARLÈNE SCHIAPPA AU MOINS TROIS FOIS ! ELLE EST MINISTRE, QUAND MÊME !
Twitter
Touche Pas à Mon Poste
HANOUNA reçoit SCHIAPPA. #Antiracisme #TPMP
Fabrice Couturier
Marre de l'E.H.S
#STOPWORK
JE FAIS CE CAUCHEMAR DEPUIS MA SORTIE DE L'ENA... LE PRÉSIDENT DE LA RÉPUBLIQUE ME CONVOQUE, J'ENTRE DANS SON BUREAU, IL Y A TOUS SES CONSEILLERS. NATURELLEMENT, JE SUIS LA SEULE FEMME...

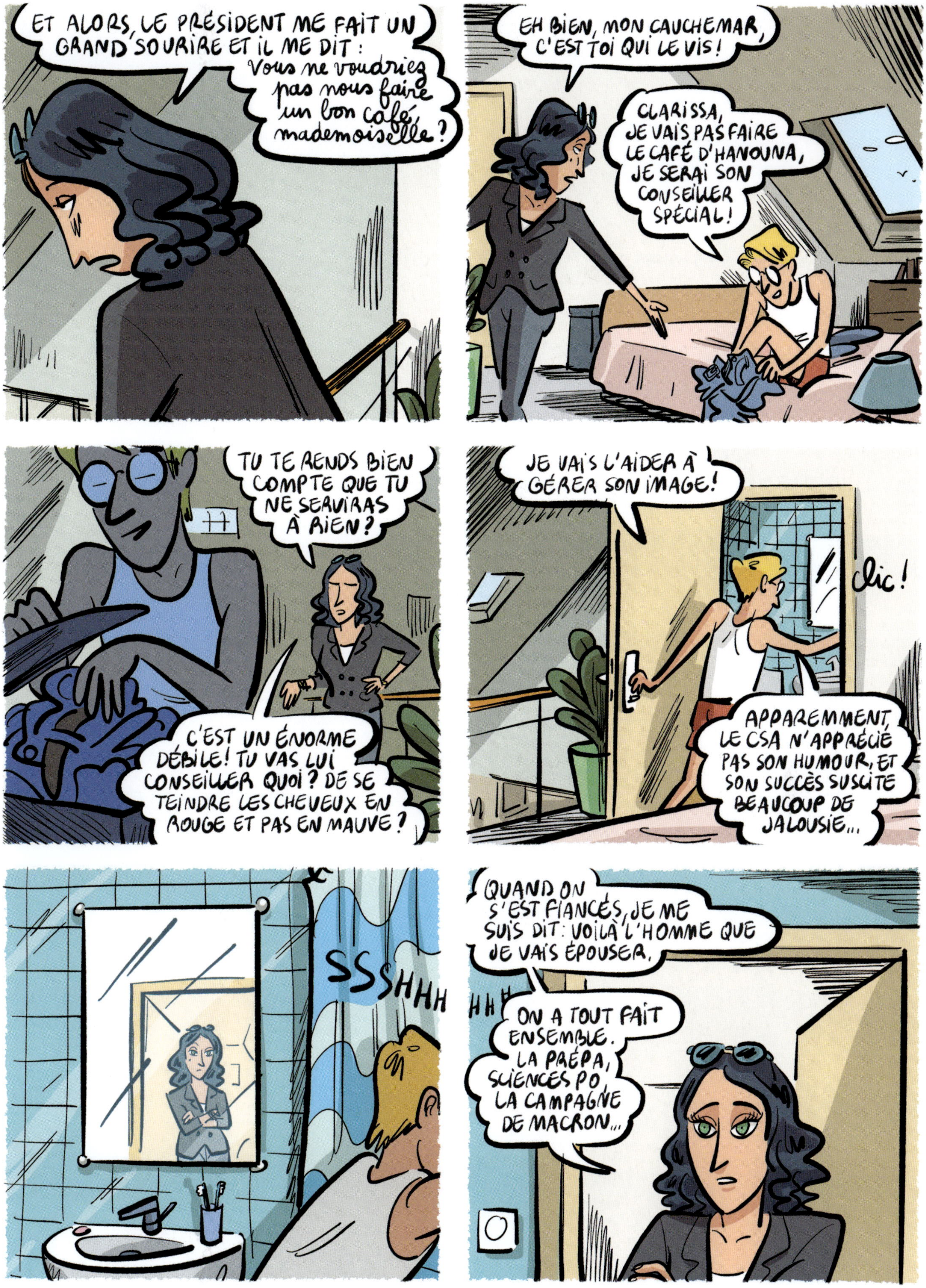

ET ALORS, LE PRÉSIDENT ME FAIT UN GRAND SOURIRE ET IL ME DIT : Vous ne voudriez pas nous faire un bon café, mademoiselle ?
EH BIEN, MON CAUCHEMAR, C'EST TOI QUI LE VIS !
CLARISSA, JE VAIS PAS FAIRE LE CAFÉ D'HANOUNA, JE SERAI SON CONSEILLER SPÉCIAL !
TU TE RENDS BIEN COMPTE QUE TU NE SERVIRAS À RIEN ?
C'EST UN ÉNORME DÉBILE ! TU VAS LUI CONSEILLER QUOI ? DE SE TEINDRE LES CHEVEUX EN ROUGE ET PAS EN MAUVE ?
JE VAIS L'AIDER À GÉRER SON IMAGE !
clic !
APPAREMMENT, LE CSA N'APPRÉCIE PAS SON HUMOUR, ET SON SUCCÈS SUSCITE BEAUCOUP DE JALOUSIE...
SSSHHHHHH
QUAND ON S'EST FIANCÉS, JE ME SUIS DIT : VOILÀ L'HOMME QUE JE VAIS ÉPOUSER.
ON A TOUT FAIT ENSEMBLE. LA PRÉPA, SCIENCES PO, LA CAMPAGNE DE MACRON...

PONDRE DES NOTES, DISTRIBUER DES TRACTS, FAIRE LA CLAQUE DANS DES MEETINGS OÙ IL FALLAIT APPLAUDIR TOUTES LES DEUX MINUTES...
J'EN AI ENCORE MAL AUX MAINS !
TOUT ÇA POUR FINIR PAR ALLER SERVIR DU CAFÉ À CYRIL HANOUNA !
MAIS JE VAIS PAS LUI FAIRE LE CAFÉ !!!
ÉCOUTE, TU VAS RETOURNER VOIR HAVAS ET LEUR DIRE QUE TU ES DÉSOLÉ, MAIS QUE C'EST IMPOSSIBLE...
CONSEILLER HANOUNA, C'EST NON ! JAMAIS !
HANOUNA N'EST PAS UN DÉBILE ! MONSIEUR BO... VINCENT BOLLORÉ... BOLLORÉ M'A DIT QUE C'ÉTAIT UN AMI, PRESQUE UN FRÈRE POUR SON FILS YANNICK !
CYRIL HANOUNA EST UN PETIT GROS QUI TE MET DES NOUILLES DANS LE SLIP !
DES NOUILLES DANS LE...

Hé mes Fanzouzes ! la prochaine fois que je vais à une soirée mousse, rappelez-moi d'éviter le slip en éponge !
HO HO HO HOOO ! HA HA HA !
YouTube
C8
Écoutez, c'est pénible !
HIHI HAA! HA!
LES EXPRESSIONS DU CHEF
Mieux vaut bien répondre
Sinon des gags à la sauce TPMP
TPMP cuisine
PARTAGER
TPMP - DES NOUILLES DANS LE SLIP
S'ABONNER
YouTube
SHLAF!
C8
TOUCHE PAS À MON POSTE
ÉQUENCE DES JETS DE CHOCOLAT
6 vues. 30 avr 2019
AAAAH!
AHAH AH!
KELLY FRÔLE LE PIRE EN TUNISIE
IÉGÉE PAR HANOUNA
SUIVRE
OH... MON... DIEU...

Moi j'essaie de faire pipi de plus en plus loin !
J'adore !
TPMP
les best-of de Cyril Hanouna dans TPMP-2016
Touche pas à mon po
À la fin du pipi, j'suis dans le salon !
PLUS
J'peux pas te laisser dire que je gagne 250 millions d'euros, espèce d'abruti.
Moi, je défends des gilets jaunes gratuitement !
BALANCE TON POST
Ça c'est du racisme anti-riches !
CLASH ENTRE CYRIL HANOUNA ET JUAN BR
Quoi ?! Mais pour qui vous vous prenez ?! Vous nous donnez des leçons de journalisme ?
OUUUUH !
OUUUUH !
Oui, absolument !
Mais puuutain, v... vous stigmatisez les... gens...
TPMP
Les plus gros clashs de l'histoire de TPMP !
PARTAGER
J'lui fais un gros big up à Booba, parce que la vidéo qu'il a faite sur la ouf, là ... zineb...
Bravo, mon Booba !
TPMP

HAVAS
TIP TIP TIP TIP TIP TIP TIP TIP TIP TIP TIP TIP TIP TIP TIP
× Nouveau message
De : Julien
cc cci
À : V.Bolloré
Objet : Proposition
Cher Monsieur Bolloré,
En dépit de l'excellence de votre proposition _
VBRRRR
TIP TIP TIP TIP TIP TIP TIP TIP TIP
VBRRRR
4G 08 : 30 92%
Message
Numéro inconnu
On joue ensemble ?
Numéro inconnu
Vincent m'a dit que tu allais m'aider...

On joue ensemble ?
Vincent m'a dit que tu allais m'aider
Merci c'est cool j'ai pas trop le temps là
VBRRR !
Tu as une raquette ?
Parce que si t'as pas de raquette on peut t'en prêter
Tu as un short ?
On joue en short
VBRR !
VBRRR !
Tu as un short
On joue en short
Le pantalon c pour les go ki osent pas montrer leur uc. mdr
Tu arrives à midi ?
VBRRR !
Tu viens bien à midi ?
Je suis auch j'te préviens
VBRR !
Tu as un niveau ?
Tu es classé ?
VBRRR
Si t'es pas classé j'te défonce !
LOL
VBRR !
Vincent m'a pas dit si t'étais classé. il répond pas
VBRRR !
Pourquoi personne ne répond ?
Julien ?
VBRRR !

BEN ALORS, ÇA VA PAS ? CLARISSA T'A LARGUÉ SUR WHATSAPP OU QUOI ?
HEIN ?... EUH...
NON, NON, C'EST... UN TRUC...
ÉCOUTE, J'AI UNE TRÈS TRÈS BONNE NOUVELLE À T'ANNONCER !
TU SAIS OÙ JE VAIS TRAVAILLER ?
CHEZ HANOUNA ?
HEIN ?
ILS VEULENT M'ENVOYER FAIRE LA COM DE HANOUNA. IL VIENT DE M'ENVOYER 50 TEXTOS !
HOO !
FAIS VOIR !
ÉNOOORME !
ET ALORS, GAËL, C'EST QUOI TA BONNE NOUVELLE ?
MM ? EUH... ILS M'ENVOIENT À L'ÉLYSÉE !
...
RHÔÔÔ !
MAIS... TU VAS PAS ACCEPTER ÇA, TOUT DE MÊME ?
AH, AH... B... BIEN SÛR QUE NON !

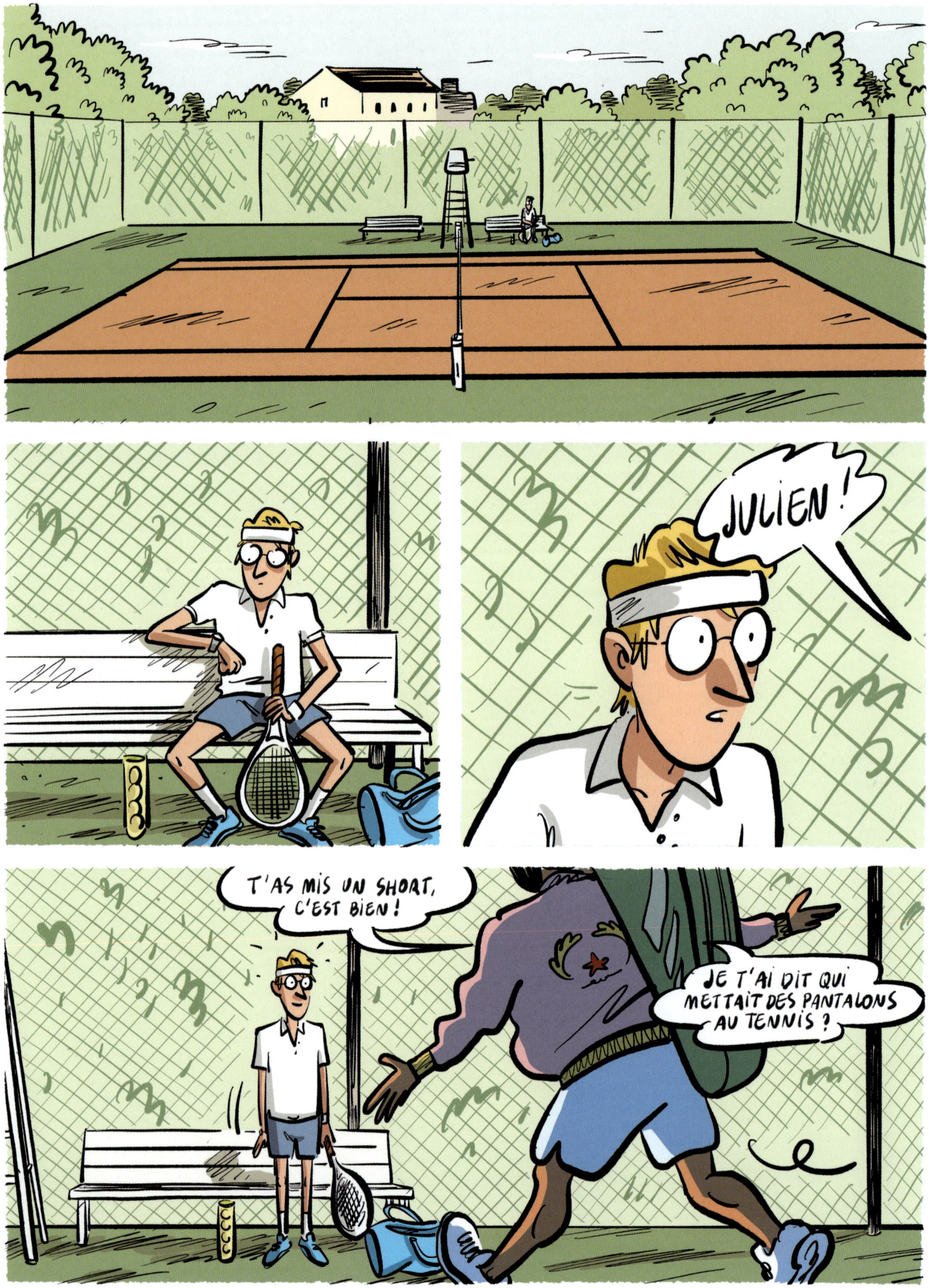
JULIEN !
T'AS MIS UN SHORT, C'EST BIEN !
JE T'AI DIT QUI METTAIT DES PANTALONS AU TENNIS ?

C'EST LES GO QUI VEULENT PAS MONTAER LEUR UC !
I AM WITH STUPID
AH AH! AH!
C'EST CASTALDI QUI ME L'A DONNÉE, CELLE-LÀ !
CASTALDI, IL EST NUL MAIS JE L'AIME BIEN !
AHAHAH !
I AM WITH STUPI

SPA!
SPU!
YAH!
SPA!
PTU!
Yes!
HAN!
SPU!
SPAN!
KPRRRRR
SPA!
SPU!
JEU, SET ET MATCH!
SHPOK!

T'AS BIEN JOUÉ MON GRAND T'AS PERDU MAIS T'AS BIEN JOUÉ !
MERCI.
NE RÉPÈTE PAS CE QUE JE T'AI DIT POUR CASTALDI, HEIN ! APRÈS LES JOURNAUX ÉCRIVENT N'IMPORTE QUOI...
JULIEN, TU SAIS CE QUE DISAIT ROMAIN GARY ?
...
TU CONNAIS ROMAIN GARY...
"L'HUMOUR EST UNE DÉCLARATION DE DIGNITÉ ! UNE AFFIRMATION DE LA SUPÉRIORITÉ DE L'HOMME SUR CE QUI LUI ARRIVE !"
C'EST ÇA QUE JE DONNE TOUS LES SOIRS DANS "TPMP" JULIEN... DE LA DIGNITÉ !
TU CONNAIS AZNAVOUR ?
J'me voyais déjàààà...
CHANTE !

ALLEZ, CHANTE !
Je m'voyais déjàààà...
Je me voyais déjà...
en haut de l'affiiiiicheu...
ÇA A ÉTÉ MON QUOTIDIEN PENDANT 20 ANS !
UN COMIQUE MINABLE, UN DÉCOR MINABLE, 250 EUROS PAR ÉMISSION...
J'ME CHANTAIS CETTE CHANSON TOUT LE TEMPS...
DANS MA TÊTE !
Lagardère Paris Racing
TU VAS M'AIDER, JULIEN !
BIP
VIENS VOIR L'ÉMISSION CE SOIR !
ON A UN MAGICIEN... UN GROS FRISÉ !
IL ME GONFLE MAIS IL EST MARRANT !

CARTE D'IDENTITÉ, DROIT À L'IMAGE...
CANAL FACTORY
PRÉSENTEZ VOS SACS OUVERTS !
À L'INTÉRIEUR, PAS DE SIGNES À LA CAMÉRA...
CANAL FACTORY
PAS DE DAB...
TOUTE SORTIE EST DÉFINI...
CAN
BONJOUR, JE VIENS VOIR CYRIL HANOUNA !
TOUT LE MONDE VIENT POUR VOIR CYRIL HANOUNA !
TU TE METS DANS LA QUEUE.

studio
EUH... NON, J'AI RENDEZ-VOUS AVEC MONSIEUR HANOUNA, IL M'ATTEND !
ALLEZ-Y MESSIEURS-DAMES !
TOI, T'AS RENDEZ-VOUS AVEC BABA ?
LAISSE-LE ENTRER, LOLO, C'EST BON !
PAR ICI, MONSIEUR JULIEN, EN HAUT DES ESCALIERS !
loges
MOUAHAHA !
TPMP

AH AH AH AH AH AH!
BENJAMIN IL ÉTAIT COMME ÇA !
UN OUF !
AH AH AH AH
AH AH AH AH AH AH AH
BON, SINON... SÉRIEUX, SÉRIEUX...
PARLEZ BIEN FORT À L'ANTENNE !
SOYEZ TRANCHÉS DANS VOS OPINIONS !
ET IL FAUT QUE CE SOIT MARRANT !
VOUS VOUS PRENEZ TROP LA TÊTE, MES CHÉRIS !
JE VOUS L'AI DÉJÀ DIT, PLUS C'EST SIMPLE, PLUS ÇA MARCHE !
SALUT, MON CHÉRI !

C'EST BIEN QUE TU SOIS VENU !
VINCENT ME L'ENVOIE POUR GÉRER MON IMAGE !
BONJOUR !
ALORS ATTENTION À CE QUE VOUS DITES, HEIN !
BON ALLEZ ! ON FAIT UNE DARKA, MES CHÉRIS !
HOP HOP HOP !
clap clap clap !
TOUCHE PAS À MON POSTE
UNE BONNE GROSSE DARKA !
HÉ HÉ !
HI HI HI !

TOI, TU VAS PRENDRE CHER !
PARLE PAS À CASTALDI, C'EST UN HAS-BEEN !
TPMP
ET NE PARLE PAS NON PLUS À DELORMEAU, ÇA L'INSTRUIT !
JE SUIS TA SEULE AMIE !
UNE GROSSE DARKA
AH AH AH !
LOVE
TPMP

TPMP
C'EST TOI, JULIEN ? QU'EST-CE QUE TU FAIS ? ON TE CHERCHAIT PARTOUT !
AAH !
ALLEZ, FAUT Y ALLER !
J'AI LAISSÉ MA TROTTINETTE DEV...
C'EST BON, T'INQUIÈTE !
OK, CYRIL, ON L'A TROUVÉ !
ALORS, C'EST TOI LE PETIT GÉNIE QUI A FAIT LA CAMPAGNE DE MACRON ?
FAIS GAFFE, Y A DES GILETS JAUNES EN COULISSES, ILS VONT TE MANGER !
TPMP
T'ES LOURDE, MARION !
MOI C'EST YASSINE ! ON EST LES ASSISTANTS DE CYRIL !
TPMP
ELLE EST PAS TROP MACRON, MARION !
PAS TROP, NON !

OUI, CYRIL, JE SUIS LÀ !
ÇA DÉMARRE !
COUCOU MES CHÉRIS !
LÀ, ON EST SOUS LE PUBLIC.
C'EST COMME AU CIRQUE, TU VOIS... TU AS LES GRADINS, UNE SCÈNE AVEC LES GROUPES DE MUSIQUE, LA PISTE...
ET LES CLOWNS !
ET BABA !
...GROSSE DAARKA !
AH AH AH ! AH !
ET BENJAMIN, IL ÉTAIT COMME ÇA !
LE OUF !
AH AH AH AH AH AH AH AH !
AH AH AH !
AH AH AH !

YASSINE, POURQUOI ON APPELLE HANOUNA BABA ?
C'EST SA MÈRE QUI L'APPELLE COMME ÇA !
TPMP
ÇA VEUT DIRE PAPA EN ARABE... C'EST DES JUIFS TUNISIENS, TU VOIS...
ON L'APPELLE TOUS COMME ÇA.
TPMP
MP
ET TU SAIS POURQUOI ÇA S'APPELLE "TOUCHE PAS À MON POSTE" ?
C'EST COMME "TOUCHE PAS À MON POTE" ?
BRAVO !
BABA MILITE À SOS RACISME... IL A DEMANDÉ S'IL POUVAIT REPRENDRE LEUR SLOGAN... ILS ONT DIT OUI.
AH ? MAIS COMMENT IL A FAIT ?
TU VERRAS... BABA, C'EST LE MEILLEUR !
TPMP
TPMP
LES PÉPITES À PÉPITO !
HA
HA
HA HA
HA
HA

AH AH AH ! IL T'A VRAIMENT DIT ÇA ?!
"BABA, C'EST LE MEILLEUR" ?!
AH, AH ! É-NOR-ME !
QUEL CON !
NON, NON, C'EST PAS UN CON...
HANOUNA A PLUSIEURS MILLIONS DE FRANÇAIS QUI LE SUIVENT TOUS LES JOURS, GAËL !
ET ENTRE UN ET DEUX MILLIONS QUI LE REGARDENT TOUS LES SOIRS !
MACRON FAISAIT 37 MILLIONS DE TÉLÉSPECTATEURS PENDANT LE CORONA...
37 MILLIONS !
C'EST AUTRE CHOSE QUE TON HANOUNA...
ON ÉTAIT EN PRISON !
ON AURAIT REGARDÉ UNE CHÈVRE SI ELLE NOUS AVAIT PROMIS LE DÉCONFINEMENT !
ET C'EST PAS MON HANOUNA !
REGARDE, JULIEN ! ÇA C'EST LE VRAI POUVOIR, MON VIEUX !
ELYSEE_COM
Gaël Decombe
COMMUNICATION

C'EST QUOI TON BADGE À TOI ? C8 ? T'AS LA PHOTO DE HANOUNA DESSUS ?
KRR...
T'IMAGINES ! AH AH AH !
AH AH AH ! AH ! LA PHOTO DE... AH AH AH !
DE TOUTE FAÇON, JE N'AI PAS ACCEPTÉ...
ENCORE HEUREUX !
MAIS IL EN EST CAPABLE ! BOLLORÉ LUI A CONFIÉ UNE MISSION !
JULIEN... UNE MISSION, C'EST L'ÉLYSÉE...
BON, ÇA RESTE ENTRE NOUS, HEIN... MAIS HIER, MACRON M'A FAIT UN CLIN D'OEIL !
ÇA VEUT DIRE QU'IL T'A REMARQUÉ !
JE ME RAPPROCHE DU PREMIER CERCLE.

MAIS, IL EN FAIT PAS GENRE TOUT LE TEMPS, DES CLINS D'ŒIL, MACRON ?
JE VOUS SERS !
EN TOUT CAS, BONNE CHANCE AVEC TON HANOUNA !
GLOU !
TINT !
CLING !
TINT !

TOUCHE PAS A MON POSTE!
#TPMP
TP
MES AMOURS, CE SOIR J'AI ENVIE DE VOUS FAIRE PLAISIR !

J'AI ENVIE... DE...
DE VOUS COUVRIR DE...
OH OUI, MES CHÉRIS, J'AI ENVIE DE VOUS COUVRIR DE...
CHOCOLAT !
PAF !
SHLAF !
HI HI HI HIIII HI HI HI HI HI HI !
SHLAF !

AAH!
MAiiiS...
OH PUTAIN!
AiiiE!
AAAH!
CYRIL! LE SCOOTER EST PRÊT!
EXCELLENT, CYRIL! AH AH!
HiHiHiHiiiiHi!
HiHiHiHiHiHiHi!
C'EST DÉGUEULASSE!
IL S'ENFUIT, REGARDEZ!
HiHiHi!
HAN!
#TPMP
HiHiHiHiHiHi!

DÈS QU'IL DIT "CHOCOLAT", ON SE PREND UN JET !
C'EST UN JEU, QUOI.
MAIS, ÇA FAIT PAS MAL ?
OH SI, TRÈS ! ÇA BRÛLE !
AH, LA VACHE !
MAIS... POURQUOI VOUS ACCEPTEZ ÇA ?

BRICE, ON ASSISTE À DU JAMAIS-VU, À UN AN DE LA PRÉSIDENTIELLE !
19 H Ruth Elkrief
OUI, RUTH, POUR LA PREMIÈRE FOIS, UN CANDIDAT ÉCOLOGISTE, YANNICK JADOT, EST EN TÊTE DES INTENTIONS DE VOTE...
LES FRANÇAIS ONT PEUR D'UNE CHOSE : L'EFFONDREMENT... ET YANNICK JADOT, EN PROMETTANT À LA FOIS DE RESTAURER LA JUSTICE SOCIALE ET DE SAUVER LA PLANÈTE, SÉDUIT LA GAUCHE ET L'ÉLECTORAT LREM.
LA FRANCE POURRAIT DONC AVOIR SON PREMIER PRÉSIDENT ÉCOLO ?
CE N'EST PAS SI SIMPLE...
MARINE LE PEN CONSERVE UNE FORTE DYNAMIQUE. XAVIER BERTRAND, AVEC SA "DROITE SOCIALE" ET MALGRÉ SON SLOGAN TRÈS MOQUÉ SUR LES RÉSEAUX SOCIAUX, "UNE VALEUR SÛRE", POURRAIT CRÉER LA SURPRISE.

JERÔME, OÙ EN EST LE PRÉSIDENT DANS TOUT ÇA ?
IL EST EN PANNE !
LE PRÉSIDENT A JOUÉ À ÊTRE MITTERRAND, CHIRAC, SARKOZY, CLEMENCEAU, DE GAULLE... MAIS IL N'A PAS SU ÊTRE... EMMANUEL MACRON, CE JEUNE ENTREPRENEUR POLITIQUE QUI VOULAIT FAIRE LA RÉVOLUTION !
DANS NOS ENQUÊTES, LES FRANÇAIS LE COMPARENT À FRANÇOIS HOLLANDE !
EN CONCLUSION, ON SIGNALE LA COUVERTURE DU POINT, CETTE SEMAINE, QUI VA DANS VOTRE SENS, JERÔME, AVEC LA PHOTO D'EMMANUEL MACRON ET CE TITRE...
"AU SECOURS ! HOLLANDE REVIENT !"

ET SOUVENEZ-VOUS, MES AMOURS, LA PLANÈTE, ELLE A BESOIN DE NOUS !
UNE DARKA POUR LA PLANÈTE !
UNE DARKA POUR LA FRANCE !
MERCI, MES CHÉRIS, JE VOUS AIME !
À DEMAIN, MES PETITES BEAUTÉS !
Clap clap
Clap
Clap clap
clap
clap
clap
ALORS, JULIEN ? COMMENT T'AS TROUVÉ ?
EUH... BIEN !
ARRÊTE ! C'ÉTAIT PIRE QUE NUL !
PIRE QUE NUL ?

C'ÉTAIT MOYEN ! ON S'EMMERDAIT !
JE VAIS TOUS LES VIRER ET JE VAIS FAIRE LE SHOW TOUT SEUL, DE CHEZ MOI !
COMME PENDANT LE CORONA !
PENDANT LE CORONA, LES AUDIENCES ÉTAIENT PAS...
TU CROIS QUE JE CONNAIS PAS MES AUDIENCES ?!!
REGARDE !
TPMP
À CHAQUE SECONDE, JE SAIS QUI EST DEVANT SON POSTE ! SI TU VAS PISSER, SI TU FAIS TA GROSSE COMMISSION...
LÀ, ON CARTONNE, MAIS SI ÇA CONTINUE, ON VA DESCENDRE, C'EST TOUT !
OUI, ALORS, JUSTEMENT, J'AI COMMENCÉ À ÉTUDIER VOTRE...
AH OUI, ALORS, JULIEN ? QU'EST-CE QUE TU M'AS PRÉPARÉ ?
JE SENS QUE ÇA VA FAIRE MAL ! AHAHAH !
AH AH, NON, NE VOUS INQUIÉTEZ PAS, C'EST ASSEZ SIMPLE...
C'EST UN TRUC DE DINGUE, TON MÉTIER, JUJU, FRANCHEMENT, ÇA M'IMPRESSIONNE !
ARRIVER À AMÉLIORER L'IMAGE DES AUTRES COMME ÇA, C'EST OUF !

OUI, DONC VOILÀ, CYRIL, D'APRÈS MES OBSERVATIONS, VOUS JOUISSEZ, BIEN SÛR, D'UNE FORTE POPULARITÉ CHEZ UNE CERTAINE PARTIE DES FRANÇAIS, MAIS...
MAIS...
LE PROBLÈME C'EST QUE, POUR UNE AUTRE PARTIE... COMMENT DIRE...
JULIEN, C'EST SUPER QUE TU SOIS LÀ, TU VAS VRAIMENT FAIRE LA DIFF !
...
BON, EN GROS, CYRIL, À MON AVIS, IL FAUDRAIT EXAMINER LA POSSIBILITÉ D'UN RENOUVELLEMENT DES...
TU L'AS RECONNU, LUI ?
HEIN ? QU...
JEAN GABIN, JUJU ! LE PATRON !
OH ! Y A LOLO ! VIENS, JE VAIS TE PRÉSENTER !
LOLO !
AH MON LOLO !
TAP TAP

MAIS LOLO...
RASSURE-MOI, T'AS MIS DE L'ÉCRAN TOTAL, AU MOINS ?!
AH, AH ! NON, POURQUOI ?
BEN, PARCE QUE LÀ, T'ES VACHEMENT TROP PRÈS DU SOLEIL, MON AMI !
HIHIHI HIHIHIHI HI HIHIHI HI HI !
HÉ, HÉ HÉ !
HA !
VOILÀ JULIEN, IL S'OCCUPE DE MON IMAGE !
LOLO, C'EST MON CHAUFFEUR !
LOLO, TU LUI MONTRES !?
UN BRACELET ÉLECTRONIQUE ?
T'AS JAMAIS VU ÇA, HEIN !
MAIS... VOUS...
VOUS AVEZ FAIT QUOI ?
DES CONNERIES, QU'EST-CE QUE TU CROIS ?
J'AI PRIS 10 ANS. ILS ONT RETROUVÉ UNE ARME SOUS MON OREILLER.
J'ARRIVE, MES CHÉRIS !

MAIS POURQUOI VOUS AVIEZ UNE ARME SOUS VOTRE OREILLER ?
T'ES MARRANT, TOI ! JE PRÉFÈRE ÊTRE LE BOUCHER QUE LE VEAU !
LE VEAU ?
J'AI ÉCRIT À CYRIL ET IL M'A SORTI DE PRISON.
IL M'A DONNÉ UN JOB, UN APPARTEMENT... IL S'EST PORTÉ CAUTION POUR MOI...
IL EST COMME ÇA, CYRIL !
SNIF !
QUAND IL ARRIVE À L'ÉMISSION, C'EST LE SEUL QUI DIT BONJOUR À TOUT LE MONDE.
MÊME LE BALAYEUR, IL A DÉJÀ DÎNÉ AVEC CYRIL !
AH AH
FLASH !
OH OH !
REGARDE-LE !
CE QU'IL AIME, EN VÉRITÉ, C'EST PAS SON ÉMISSION... C'EST PAS LA TÉLÉ...
FLASH !
C'EST ÊTRE AVEC NOUS !
AH AH AH !
AH AH !
AH !

JE NE VEUX PAS QUE LES FRANÇAIS VOTENT POUR UN PRÉSIDENT,
JE VEUX QU'ILS VOTENT POUR LA PLANÈTE !
ÇA VEUT DIRE QUOI, GRETA, "VOTER POUR LA PLANÈTE" ?
TPMP
N'ÉCOUTEZ PAS CE QUE VOS CANDIDATS VOUS DISENT ! REGARDEZ COMMENT ILS VIVENT !
S'ILS PRENNENT L'AVION, LA VOITURE, S'ILS TRIENT LEURS DÉCHETS...
S'ILS MANGENT DES MANGUES IMPORTÉES PLUTÔT QUE DES POMMES LOCALES...
JE DOIS INTERDIRE À MON FUTUR PRÉSIDENT DE MANGER DES MANGUES ?
IL Y A DE TRÈS BONNES POMMES EN BRETAGNE !

GRETA THUNBERG SUR "TPMP", JE SAIS PAS COMMENT T'AS FAIT ÇA, MARION... DE OUF !
C'EST UN MÉTIER.
PAR CONTRE, POURQUOI ON A QUE DES ÉCOLOS, DÉJÀ ?
PARCE QUE C'EST BON POUR L'IMAGE DE CYRIL !
OK, MAIS C'EST LE CINQUIÈME ! JADOT, HULOT, COHN-BENDIT, EUH... AH OUI, HUGO CLÉMENT, MAIS LUI AU MOINS IL EST MIGNON...
ON EST REPARTIS EN MISSION, COMME AVEC LES GILETS JAUNES.
C'EST L'IDÉE !
ON REDONNE DU SENS ! CYRIL A DES CONVICTIONS, IL FAUT QUE ÇA SE VOIE. LÀ, ON EST EN PLEINE SÉQUENCE ÉCOLO, OUI, C'EST L'ACTU ET ÇA FAIT DE L'AUDIENCE, NON ?
BAH... BOF !
EN PLUS, DEMAIN ON A LE TYPE DE LA FIN DU MONDE, LÀ...
LE COLLAPSOLOGUE ! YVES COCHET.
IL EST SINISTRE ! ON VA DÉGUISER GILLES VERDEZ EN AYA NAKAMURA...
...AVEC "DJADJA" À FOND, TU VOIS... ÇA COMPENSERA ! CYRIL ESSAIE DE CONVAINCRE AYA DE VENIR...
C'EST VRAIMENT LA FIN DU MONDE !

À DEMAIN, MES CHÉRIS, BISOUS !
C8
clap clap !
TPMP
C8
CE SONT SES PARENTS… ILS SONT VENUS DE SUÈDE, AVEC ELLE, EN CAMPING-CAR ÉLECTRIQUE.
MOUAHAHAHAHA !
Hi Hi Hi Hi Hi Hi Hiii Hi Hi !

AH LÀ LÀ... ELLE M'ÉPATE, CETTE GOSSE !
ELLE A UN PERSONNAGE, DES VALEURS... C'EST UNE ICÔNE PLANÉTAIRE !
VOUS AVEZ FAIT RIRE GRETA THUNBERG !
ET MOI ?
ET VOUS ?
MOI, SI JE VOULAIS DEVENIR COMME ELLE, UNE ICÔNE ?
MOI, QUAND LES GENS ME VOIENT ARRIVER, SOIT ILS SE MARRENT, SOIT ILS FLIPPENT.
ILS FLIPPENT QUE JE LES ENGUEULE OU QUE JE LEUR METTE UN PÉTARD DANS LE CUL... JE SAIS PAS CE QUI EST LE PIRE !
ELLE, ELLE A UNE AMBITION, ON LA RESPECTE, ON L'ÉCOUTE...
C'EST QUOI MON AMBITION À MOI ?
VOUS AVEZ AIDÉ LES GILETS JAUNES, QUAND MÊME !
TU VEUX QU'ON METTE ÇA SUR MON INSTA QUAND JE SERAI MORT ?
"IL A AIDÉ LES GILETS JAUNES, QUAND MÊME" ?
LES GILETS JAUNES, ILS CONTINUENT À ÊTRE DANS LA MERDE ! MOI, CE QUE JE VEUX, C'EST LES EN SORTIR !

TU CROIS QU'ON CHANGE LE MONDE EN OBLIGEANT CASTALDI À SE METTRE EN TUTU POUR ROULER UNE PELLE À DELORMEAU ?
JE SUIS UNE ICÔNE DE LA CONNERIE, JULIEN !
MAIS C'EST VOTRE ÉMISSION ! C'EST VOUS QUI...
TU ME SERS À RIEN, EN FAIT !
TU ES SUPPOSÉ CHANGER MON IMAGE !
J'EN AI MARRE DE DEVOIR TOUT FAIRE TOUT SEUL, ICI !
METS-TOI AU BOULOT !
STUDIOS DE BOULOG
VVVVVVVZZZZZ

C'EST MOI !
GROSSE DARKA AUJOURD'HUI...
ON A REÇU GRETA THUNBERG !
OUI, J'AI VU.
SMACK
ET APRÈS CASTALDI A ROULÉ UNE PELLE À DELORMEAU...
EN TUTU.
C'ÉTAIT UN PARI !
J'ESPÈRE QUE TU ES FIER... BELLE ÉMISSION !
MES PARENTS L'ONT VUE, ILS ÉTAIENT ACCABLÉS.
TES PARENTS L'ONT VUE ?
ILS ONT LA TÉLÉ, JULIEN.
I ♥ NY

TU SAIS CE QU'A FAIT GAËL PENDANT CE TEMPS-LÀ ?
REGARDE !
GAËL A REÇU ZUCKERBERG ET POUTINE À L'ÉLYSÉE !
facebook
Gaël Decombe
5 000 LIKES POUR CE SELFIE !
C'EST É-NOR-ME !
IL EN A PAS FAIT UN AVEC POUTINE ? C'EST DOMMAGE !
TU L'AS LIKÉ ?
OUI ! ET TU DEVRAIS FAIRE PAREIL !
IL M'A DIT QU'IL POURRAIT PEUT-ÊTRE T'OBTENIR UN POSTE DANS UN MINISTÈRE.
SIBETH NDIAYE CHERCHE UN ASSISTANT.
POUF !
SIBETH NDIAYE N'A PAS DE CERVEAU.
AH, PARCE QUE HANOUNA, IL EN A UN ?

D'ABORD, OUI. ET ENSUITE, CYRIL AIME LES GENS.
TU NE LE CONNAIS PAS !
IL A UNE AMBITION, ON EN A PARLÉ, LÀ, CE SOIR !
UNE AMBITION ?
IL A DES PLANS !
JULIEN...
JULIEN, JE SUIS DÉSOLÉE, JE...
JE NE VAIS PAS POUVOIR CONTINUER COMME ÇA.
?
ON NE PEUT PAS SE DISPUTER À CE SUJET TOUS LES JOURS... JE M'EN VAIS.
TU ME QUITTES ?
NON, JE ME DÉCONFINE...
JE ME DÉCONFINE DE TOI !
Cloc!

CSA
CONSEIL SUPÉRIEUR AUDIOVISUEL
ALORS, VOUS DITES QUOI, DELORMEAU ?
3501
VOUS DITES QUE J'AI RAISON OU QUE LE CSA A RAISON ?
JE DIS QUE VOUS AVEZ RAISON, CYRIL !
TPMP
ET VOUS, CHRISTINE, VOUS AVEZ TRAVAILLÉ AU CSA... J'AI TORT OU J'AI RAISON ?
VOUS AVEZ RAISON, CYRIL !
LE CSA NOUS ACCUSE D'AVOIR DONNÉ DES FAKE NEWS SUR LE CORONAVIRUS !
ON A DONNÉ LES INFORMATIONS QU'ON AVAIT !
EXACTEMENT, MATTHIEU !
ET IL VA FAIRE QUOI, LE CSA ? IL VA POURSUIVRE LE GOUVERNEMENT ? LES MÉDECINS ?
IL VA POURSUIVRE MICHEL CYMES ?
AH AH AH AH AH AH AH AH AH !

CSA
MOI, JE VOUS LE DIS, SI ÇA CONTINUE, LE CSA, IL VA FAIRE PLUS DE VICTIMES EN FRANCE QUE LE CORONAVIRUS !
ATTENDEZ, CYRIL, VOUS NE POUVEZ PAS DIRE ÇA !
LÀ, CYRIL, VOUS ALLEZ AVOIR DES ENNUIS !
C'EST LE CSA-VIRUS !
TPMP
ET VOILÀ MON GESTE BARRIÈRE CONTRE LA CONNERIE !
MERDE !
MERDE !
Morandini Live @Mor...
Cyril Hanouna accuse le CSA d'être "plus meurtrier que le coronavirus" !
Purepeople @Purepe...
"Vous ne pouvez pas dire ça !" Clash entre Cyril Hanouna et Christine Kelly sur le plateau de #TPMP

AFP_ @ agencefra... 1mn
La classe politique, unanime, condamne les propos de Cyril Hanouna. Eric Ciotti (LR) demande « son retrait immédiat des antennes françaises ».
Roselyne Bachelot @Rosely...
Les propos de Cyril Hanouna sont-ils acceptables ? Je considère que non.
Michel Cymes @mcym...
Ces propos sont une insulte à la mémoire des victimes du #COVID-19.
Mediapart @mediap... 2mn
Pourquoi Bolloré veut-il dézinguer le CSA ? Les dérapages calculés de Cyril Hanouna.
VBRRRZZ
59%
Messages
V. Bolloré
Julien, je ne dois pas être mêlé à tout ça !
TIP TIP TIP TIP TIP TIP TIP
MEEEERDE !
V. Bolloré
Julien, je ne veux pas être mêlé à tout ça.
Je vais calmer le jeu.
V. Bolloré
NON. LA MEILLEURE DÉFENSE C'EST L'ATTAQUE.
VBBRRRZZ!

Peoplemag
Voilà
Le roi du PAF
le monde
HANOUNA VS CSA
HAN
Avertis
CSA
rappeler Pascual (le monde)
LE CSA VEUT LA PEAU D'HANOUNA DEPUIS DIX ANS, VOILÀ LA VÉRITÉ !
Michel Drucker
Robert Laffont
JE COMPRENDS, JULIEN, MAIS IL A ACCUSÉ LE CSA D'AVOIR TUÉ DES GENS !
IL A PAS DIT ÇA...
Voici
JE CITE : "LE CSA VA FAIRE PLUS DE VICTIMES EN FRANCE QUE LE CORONAVIRUS !"
OK, IL A PRESQUE DIT ÇA...
BORDEL DE MERDE !

Clap
GROUMF
GROUMF
ET SCHIAPPA ? VOUS AVEZ APPELÉ SCHIAPPA ?
ELLE RÉPOND PAS !
HUMPF !
GROUMF
GRUNCH
UN MINISTRE, C'EST COMME UN CHIEN TRÈS CON...
UN JOUR, IL TE SNIFFE LE CUL, LE LENDEMAIN, IL CHANGE DE TROTTOIR... ET SI TU LE SIFFLES, IL SE BARRE.
POUF !
SOYEZ DUR AVEC LE CSA !
BOM !
LANCEZ LE HASHTAG CSA-VIRUS !
LE CSA VEUT VOUS EMPÊCHER DE DIRE LA VÉRITÉ !
ON A 6 MILLIONS DE FANZOUZES QUI N'AIMERONT PAS ÇA !
PRÉSENTEZ DES EXCUSES AUX VICTIMES !
VOTRE PÈRE A ÉTÉ MALADE DU COVID...
VOUS AVEZ CRU LE PERDRE... VOUS AVEZ LE DROIT D'ÊTRE MALADROIT SUR LE SUJET !

POC!
JULIEN...
PRENDS LE BOUQUIN DE DRUCKER ! CELUI QUE TU LISAIS AU LIEU DE TRAVAILLER...
Mm ?
LIS-NOUS LA DÉDICACE !
"À CYRIL, QUI SAIT DÉJÀ TOUT."

J'AI PAS BESOIN QUE TU M'APPRENNES MON BOULOT, JULIEN !
C'EST MOI LE BOSS, ICI !
UTILISER MON PÈRE POUR MA COMMUNICATION ?
JAMAIS !
...
ET PUIS, MALADROIT ? MOI ?
MAIS... JE...
POUR QUI TU TE PRENDS ?!
MAIS, CYRIL, NE LE PRENEZ PAS COMME ÇA, VOYONS.
C'EST... C'EST... COMME UN JEU...
UN JEU ?
TSS, TSS...
ALLEZ, DÉGAGE DE MON BUREAU !
MAIS, CYRIL... QU'EST-CE QUE... JE... JE...
DÉGAGE, J'TE DIS !
DÉGAGE !!!

MESSIEURS, BONSOIR...
YANNICK JADOT FAIT LA COURSE EN TÊTE, MAIS MARINE LE PEN COMBLE L'ÉCART...
UN SONDAGE LA DONNE POUR LA PREMIÈRE FOIS EN TÊTE DES INTENTIONS DE VOTE...
AVEC 50,5 % DES VOIX SI LE SECOND TOUR SE DÉROULAIT CETTE SEMAINE.
QUE FAUT-IL EN PENSER ?
EH BIEN, RUTH, ON PEUT DIRE QUE L'ARGUMENT DE YANNICK JADOT : "RÉCONCILIONS-NOUS AVEC LA NATURE" INTERPELLE LES FRANÇAIS...
LE CHOC • ALAIN DUHAMEL – ÉRIC ZEMMOUR
ALERTE INFO • Piétonnisation du Périphérique sud votée ce matin.
MAIS ILS DOUTENT DE SES CAPACITÉS... A-T-IL LES ÉPAULES ? LES ATTAQUES LES PLUS DURES VIENNENT DE SON PROPRE CAMP !
HULOT REFUSE DE LE SOUTENIR, ET SOUVENEZ-VOUS DE DANIEL COHN-BENDIT QUI DISAIT, IL Y A QUELQUES SEMAINES : "LE PAYS N'EST PAS PRÊT POUR UN PRÉSIDENT ÉCOLO !"

MAIS ATTENDEZ ! C'ÉTAIT UN SERVICE COMMANDÉ POUR MACRON !
QUAND ILS ESPÉRAIENT ENCORE LE RELANCER...
À PROPOS DE MACRON, POURQUOI LE PRÉSIDENT, QUI EST DONNÉ 3e OU 4e DANS LES SONDAGES, MAINTIENT-IL SA CANDIDATURE ?
LE QUOI ?!
MAIS MACRON N'EST DÉJÀ PLUS PRÉSIDENT, RUTH ! IL DEVAIT CONSTRUIRE LA FRANCE D'APRÈS, IL A CONSTRUIT LA FRANCE D'À PEU PRÈS !
NOUS AVONS MANQUÉ DE MASQUES, DE GANTS, DE RESPIRATEURS... DE BLOUSES, MÊME...
DE QUOI MANQUERONS-NOUS DEMAIN ? D'OR À LA BANQUE DE FRANCE ? ...
BFM TV.
DIRECT 19:45
LE CHOC • ALAIN DUHAMEL • ÉRIC ZEMMOUR •
ALERTE INFO • ISÈRE • Echange de coups de feu entre dealers.
D'ARMES POUR DÉFENDRE NOS FRONTIÈRES ?
LES FRANÇAIS NE SE SENTENT PLUS PROTÉGÉS !
ET IL Y A EU LES GILETS JAUNES, LA RÉFORME DES RETRAITES QUI ONT BLOQUÉ LE PAYS PENDANT DES SEMAINES...

LA SUPPRESSION DE L'ISF, LA BAISSE DE 5 EUROS DES APL, LE LIMOGEAGE DU GÉNÉRAL DE VILLIERS, L'AFFAIRE BENALLA...
DANS CES CONDITIONS, IL A QUAND MÊME DU COURAGE DE REPARTIR AU COMBAT, NON ?
MACRON FAIT UN CALCUL SIMPLE, RUTH... IL N'Y A AUCUN CANDIDAT FORT.
JADOT EST FAIBLARD, MARINE LE PEN INQUIÈTE, BERTRAND N'EST PAS PRÊT...
MACRON A LA LÉGITIMITÉ DE LA CRISE...
IL NOUS A CONDUITS PENDANT CES HEURES DE DOUTE...
IL PEUT ESPÉRER RENVERSER LA TABLE À LA DERNIÈRE MINUTE.
VOUS Y CROYEZ ?
JE PENSE QUE LA TABLE PEUT ÊTRE RENVERSÉE, OUI.
MAIS PAS PAR MACRON !
PAS NÉCESSAIREMENT PAR MACRON !

PIZZA
EH BIEN, FIGURE-TOI QUE ÇA A MARCHÉ.
LE TRUC S'EST CALMÉ !
clarissa
LE PIRE, C'EST QUE HANOUNA A FAIT EXACTEMENT CE QUE JE LUI AI DIT...
LE CSA A REÇU 3 MILLIONS DE PLAINTES CONTRE LES PROPOS... DU CSA !
LES FANZOUZES ONT TUÉ LE GAME, QUOI !
HANOUNA A GAGNÉ !
MAIS JE PEUX PAS CONTINUER COMME ÇA... C'EST TOI QUI AVAIS RAISON, CLARISSA.
IL M'A VIRÉ DE SON BUREAU !

TU VAS PARTIR ?
TU VAS REVENIR SI JE PARS ?
ÇA, C'EST UN AUTRE PROBLÈME, JULIEN... TU MÉLANGES TOUJOURS TOUT !
JE VAIS DÉMISSIONNER, CLARISSA ! J'AI LA LETTRE DEVANT MOI... TU VEUX LA LIRE ?
NON, JE N'AI PAS BESOIN DE LA LIRE...
ET PUIS, JE NE SAIS PAS SI C'EST UNE BONNE IDÉE QUE TU DÉMISSIONNES, TU VAS FAIRE QUOI APRÈS ?
QUOI ?! MAIS C'EST TOI QUI VOULAIS QUE JE DÉMISSIONNE !
C'ÉTAIT POUR RASSURER MES PARENTS !
MAIS LÀ, C'EST BON, ILS SONT PASSÉS À AUTRE CHOSE !
TES PARENTS SONT PASSÉS À AUTRE CHOSE ?

BON, OK... JE SUIS PASSÉE À AUTRE CHOSE !
JE SUIS DÉSOLÉE, JULIEN, J'AI RENCONTRÉ QUELQU'UN D'AUTRE.
JE LE CONNAIS ?
JE N'AI PAS À RÉPONDRE À TES QUESTIONS... C'EST MA VIE, MAINTENANT !
MAIS... TU ES OÙ, LÀ ?
CHEZ MOI !
NON, C'EST PAS CHEZ TOI... T'ES CHEZ QUI ?
C'EST QUELQU'UN DE TRÈS BIEN. QUELQU'UN QUI A UN AVENIR, JULIEN... PAS COMME...
PAS COMME MOI ?
DÉSOLÉE.
clap !

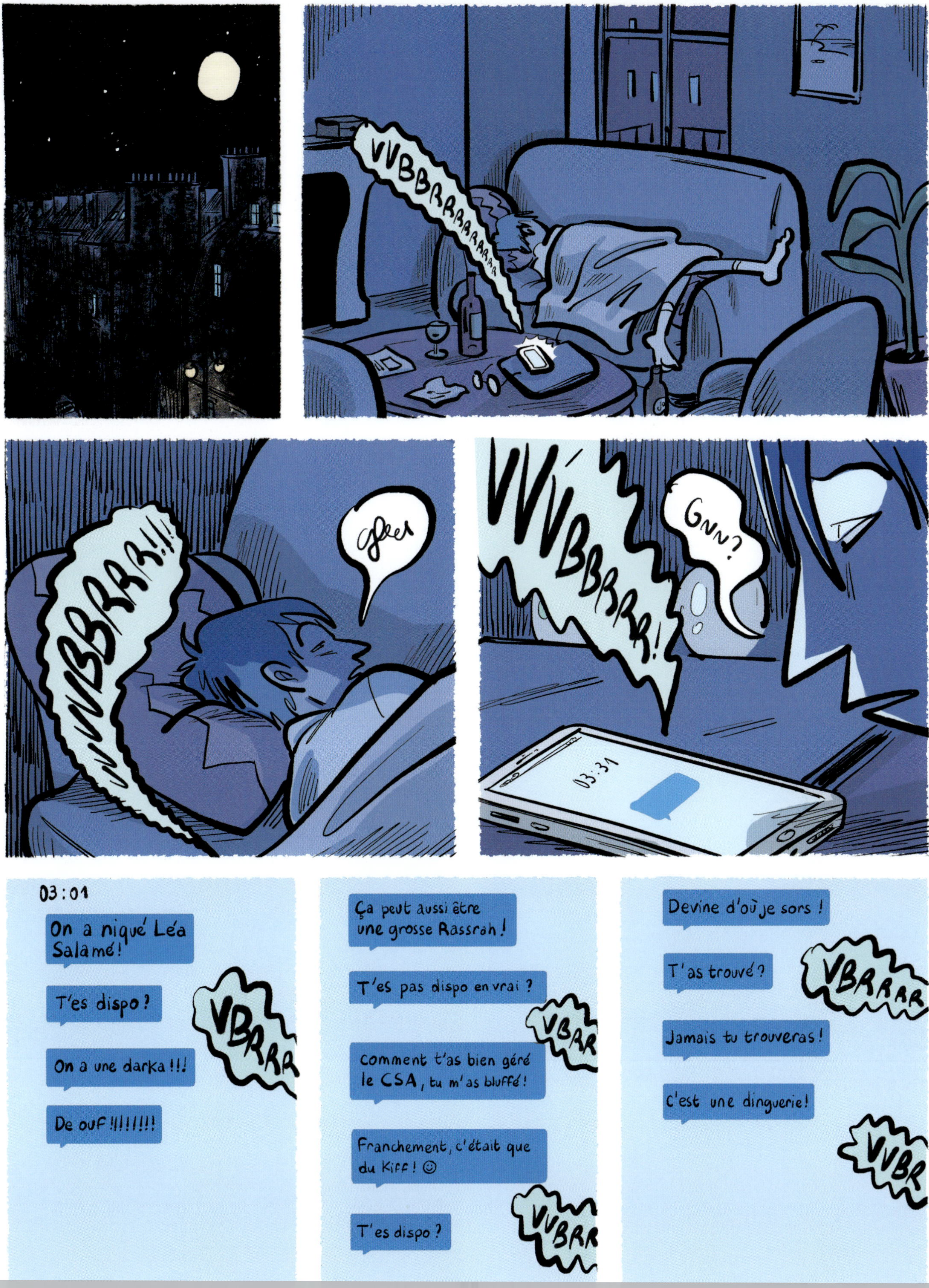
VVBBRRRRRRRRR
VVVVBBRRRR!!!
VVVBBRRRR!
GNN?
03:31
03:01
On a niqué Léa Salamé!
T'es dispo ?
VBRRRR
On a une darka !!!
De ouf !!!!!!!
Ça peut aussi être une grosse Rassrah !
T'es pas dispo en vrai ?
VBRR
Comment t'as bien géré le CSA, tu m'as bluffé !
Franchement, c'était que du Kiff ! ☺
VVBRR
T'es dispo ?
Devine d'où je sors !
T'as trouvé ?
VBRRRR
Jamais tu trouveras !
C'est une dinguerie !
VVBR

On peut se parler ? genre tout de suite ?
Je sors de l'Elysée
Macron vient à l'émission !
VVBRRRR!
VVBRRRR!
à l'émission !
Le président sur TPMP !!!
OH PURÉE!
AÏE!
VLAM!
PLOUP!
PSSHH!
PARACETAMOL
ALLÔ CYRIL ?

Le Bristol
À VRAI DIRE, J'AI TOUJOURS PAS COMPRIS POURQUOI JE DEVAIS RENCONTRER CETTE MIMI MARCHAND...
MIMI, C'EST UNE LÉGENDE!
DÉJÀ, C'EST LA PATRONNE DE L'AGENCE BEST IMAGE... C'EST LA REINE DES PAPARAZZIS!
ELLE FOURNIT EN PHOTOS PEOPLE LA QUASI-TOTALITÉ DE LA PRESSE FRANÇAISE!
ELLE A FAIT FAIRE À MACRON 30 COUVERTURES DE MAGAZINES PENDANT LA CAMPAGNE!
TOUTES POSITIVES!

TU TE SOUVIENS DE LA UNE DE PARIS-MATCH AVEC BRIGITTE EN MAILLOT DE BAIN ?
UN CHEF-D'OEUVRE !
C'EST ELLE !
AH OUI, C'EST ELLE AUSSI QUI AVAIT SORTI LES PHOTOS DE HOLLANDE DEVANT CHEZ JULIE GAYET, NON? AVEC LE CASQUE SUR LA TÊTE...
VOILÀ !
MAIS, ELLE A PAS FAIT DE LA PRISON ?
SI, TROIS OU QUATRE FOIS, UNE HISTOIRE DE CHÈQUE SANS PROVISION, UN TRAFIC DE DROGUE UNE FOIS, PARCE QU'ELLE A PROTÉGÉ SON MEC, APRÈS UN CASSE...
MAIS LÀ, ELLE A JUSTE FAIT DE LA PRÉVENTIVE. ELLE A ÉTÉ RELAXÉE.
APRÈS, ELLE A DIRIGÉ DES BOÎTES DE NUIT...
AH OUI, QUAND MÊME...
VOUS ÊTES CARRÉS AU NIVEAU RECRUTEMENT À L'ÉLYSÉE.

C'EST ELLE QUI A CONSEILLÉ AU PR DE VENIR CHEZ TOI.
POUR INFO, ON PENSE TOUS QUE C'EST UNE ÉNORME CONNERIE MAIS ON EST OBLIGÉS DE FAIRE AVEC.
C'EST POUR ÇA QUE JE SUIS LÀ.
SALUT !
C'ÉTAIT PAS LA PEINE DE M'INVITER ICI... UN CROQUE-MONSIEUR AURAIT SUFFI !
C'EST VOUS, LE COMMUNICANT D'HANOUNA ?

VOUS NE RESSEMBLEZ PAS BEAUCOUP À CE QUE J'IMAGINAIS...
MAIS ON S'IMAGINE DES CHOSES, PARFOIS...
MOI, LES GENS PENSENT QUE JE SUIS BLONDE, QUE J'AIME LE VICE ET QUE JE PEUX DÉTRUIRE LEUR RÉPUTATION...
ALORS FORCÉMENT, QUAND ILS ME RENCONTRENT, ILS SONT DÉÇUS.
...
DÉSOLÉ DE VOUS SURPRENDRE.
MES PARENTS ÉTAIENT COMMUNISTES ET RÉSISTANTS. J'AI ÉTÉ GARAGISTE, FEMME DE VOYOU ET TENANCIÈRE DE BAR LESBIEN... ALORS VOUS AVEZ PEU DE CHANCE DE ME SURPRENDRE.
ET PUISQUE VOUS VOUS POSEZ LA QUESTION, NON, JE NE SUIS PAS LESBIENNE.
ON PEUT AIMER LES CAROTTES ET CULTIVER LES TOPINAMBOURS... FAUT BIEN VIVRE !
EH OUI, JE N'AI PAS UN CV TRÈS CLASSIQUE... MAIS IL A DÛ VOUS LE DIRE, CHOUCHOU !
TU VEUX BIEN QUE JE T'APPELLE CHOUCHOU ?
JE SAIS PAS POURQUOI, C'EST TOUT CE QUE TU M'INSPIRES.

ET MOI ? JE VOUS INSPIRE QUOI ?
IL Y A DES GENS DONT LE DESTIN EST ÉCRIT SUR LE FRONT... TU LES RENCONTRES ET TU COMPRENDS...
JE SUIS TOMBÉE AMOUREUSE D'HOMMES COMME ÇA.
J'AI MÊME FAIT DE LA PRISON POUR EUX ! J'AI LE GOÛT DE LA TRAGÉDIE.
MACRON, RIEN QU'EN LE REGARDANT, TU SAIS QU'IL A UN DESTIN.
C'EST CE QUE J'AIME CHEZ LUI.
TOI, JE NE SAIS PAS, MAIS TU N'AS RIEN À FAIRE CHEZ CYRIL.
ET VOUS, VOUS FAITES QUOI CHEZ MACRON ?
J'AIME LA POLITIQUE, C'EST MA FAIBLESSE.

POURTANT, UN POLITIQUE, C'EST UN TRÈS MAUVAIS COUP...
T'ES LÀ, TU TE METS DANS LE TRUC, T'ES EXCITÉE, TU SENS QUE ÇA MONTE, ET PAF ! C'EST DÉJÀ FINI !
EN PLUS, IL TE PIQUE TON POGNON ET MET DES PLOMBES À DÉCANNER.
MAIS BON, QUAND IL PART, T'EN PRENDS UN AUTRE QUAND MÊME.
J'AI UN COEUR DE MIDINETTE, VOILÀ !
TOUT ÇA, C'EST TRÈS BIEN, MAIS POURQUOI "TPMP" ?
CYRIL ET EMMANUEL, C'EST UNE HISTOIRE D'AMOUR.
EMMANUEL L'ADORE ! IL A ÉTÉ LE PREMIER ANIMATEUR À LE SOUTENIR, IL PEUT ÊTRE CELUI QUI LE RELANCE ET LE FAIT RÉÉLIRE.
BON, PAR CONTRE...
OUI, PARCE QU'IL Y A DES CONDI...
TU SAIS, JULIEN, CYRIL, JE L'ADORE. MAIS UNE FOIS, JE L'AI INVITÉ DANS MA MAISON DE CAMPAGNE...
AU BOUT DE 10 MINUTES IL ACCUEILLAIT LES INVITÉS À MA PLACE, MONTAIT LEURS BAGAGES, LEUR INDIQUAIT LES TOILETTES, FAISAIT LE TOUR DU FRIGO ET SE PLAIGNAIT DE NE PAS Y TROUVER LA BONNE MARQUE DE BIÈRE.
J'AI FAILLI PARTIR TELLEMENT J'ÉTAIS EN TROP, ALORS QUE J'ÉTAIS CHEZ MOI !
IL EST TRÈS ENTHOUSIASTE.

TU SAISIS PAS... VA FALLOIR QU'IL LUI LAISSE DE L'ESPACE À EMMANUEL ! C'EST LE PRÉSIDENT, QUAND MÊME.
C'EST LE PRÉSIDENT !
DIS DONC, TOI... QUAND J'AURAI BESOIN D'UN ÉCHO, JE PRENDRAI DE L'ALTITUDE !
BON, MERCI DU DÉJEUNER !
Le Bristol
C'EST À TOI, ÇA ? POURQUOI TU ROULES AVEC CE MACHIN ?
PARCE QUE C'EST LE SEUL MOYEN DE TRANSPORT QUI NE FROISSE PAS LES COSTUMES !
AH, AH !
TU IRAS LOIN, TOI !

ALORS, T'AS VU, C'EST UN PERSONNAGE, HEIN ?
T'AS DES NOUVELLES DE CLARISSA ?
MOI ? POURQUOI J'AURAIS DES NOUVELLES ? C'EST TA COPINE...
Mmh..
ILS SONT TOUJOURS COULEUR MOUTARDE, LES MURS CHEZ TOI ?
MOUTARDE ?
AVEC DES MOULURES AU PLAFOND ?
DES MOULURES ?... JE SAIS PLUS, JE... JE REGARDERAI...
TU NE SAIS PLUS ?
TA
JULIEN, C'EST UNE ÉMISSION IMPORTANTE POUR LE PR, IL FAUT QU'ON SE FASSE CONFIANCE... J'AI MA CARRIÈRE EN JEU, MOI. DIS-MOI QUE ÇA SE PASSERA BIEN.
ÇA DÉPEND... IL AIME LE CHOCOLAT, MACRON ?
LE CHOCOLAT ?
POURQUOI ?
C'EST IMPORTANT QU'IL AIME LE CHOCOLAT ?
VVVVV

ALLEZ, ON REPREND DEPUIS LE DÉBUT !
STUDIOS DE
mm...
PSSH !
VVBRRR
ON A 7 THÈMES...
Plan Plateau
7 CHANTIERS → 2027
Ecole
Entreprise
Hôpital
Assemblée
Centre des impots
Bruxelle
Stade
10 Milliards
400 Millions
4%
LES 7 CHANTIERS DE 2027 !
VBRRRR
C'EST ÇA ! LES 7 GRANDS TRAVAUX QUE MACRON DEVRA AVOIR FINI AU TERME DE SON DEUXIÈME MANDAT.
VVBRRR
VVBBRRR
ON LES SYMBOLISE PAR DES BÂTIMENTS PARCE QUE ÇA PARLE AUX GENS. C'EST CONCRET !
mm...
VVBRRRR...

IL EXPLIQUE CE QUI VA CHANGER EN 5 ANS, ET À LA FIN, VOUS FAITES UNE GRANDE INTERVIEW "MACRON INTIME" AVEC LUI. TOUT CE QU'ON NE SAIT PAS ENCORE SUR MACRON !
CHANTIERS
École Entreprise Hôpital
C'EST QUOI, CES FRINGUES !?
10 Milliards
HO ! J'VAIS PAS À LA PLAGE !
VOUS ME PRENEZ POUR UNE INSTAGRAMEUSE ?
À UN MOMENT, BRIGITTE SE LÈVERA. ELLE PASSERA DU PUBLIC AU PLATEAU ET REJOINDRA SON MARI.
VVVBRRRR
C'EST CE QUE L'ÉLYSÉE APPELLE "JETER UN PONT" AVEC LES FRANÇAIS... "POUR MONTRER QU'ON ENTRE DANS L'INTIME."
C'EST CE QU'ILS ONT ÉCRIT.
C'EST DÉBILE !
POURQUOI ON N'A PAS DES GILETS JAUNES, DES PROFS, DES PRÉCAIRES, DES CHÔMEURS, DES INFIRMIÈRES, DES MALADES DU COVID, DES PETITS VIEUX DES EHPAD ?
VVVBRR
CYRIL...
VVBRRR...
ON EN A DÉJÀ PARLÉ CENT FOIS. C'EST LE PRÉSIDENT DE LA RÉPUBLIQUE, PAS MARLÈNE SCHIAPPA ! ET FACE À UN PLATEAU DE MÉCONTENTS ILS ONT PEUR QUE MACRON REFASSE LE GRAND DÉBAT.
ON EN AURAIT POUR JUSQU'À 4 HEURES DU MAT... ILS VEULENT QUELQUE CHOSE DE FORT, D'INTIME, UN GRAND MOMENT DE TÉLÉ AVEC VOUS
ET ON AURA CES TÉMOIGNAGES DE FRANÇAIS EN VIDÉO...
HUMPF !
VVVBBRRR...

ET POURQUOI J'AI PAS MES CHRONIQUEURS AVEC MOI ?
L'ÉLYSÉE VEUT QUE CE SOIT VOUS. ET DE TOUTE FAÇON, ON VA PAS DEMANDER À DELORMEAU OU À CASTALDI D'INTERROGER MACRON, SI ?
ET POURQUOI PAS ?
AUCUN ANIMATEUR N'A ENCORE INTERVIEWÉ LE PRÉSIDENT DE LA RÉPUBLIQUE... VOUS ALLEZ MARQUER L'HISTOIRE ET FAIRE UNE AUDIENCE RECORD !
C'EST TOUJOURS COMME ÇA...
PFF !
C'EST LE DEAL !
C'EST N'IMPORTE QUOI CES TENUES, LES FILLES !
C'EST DE LA MERDE !
JE VAIS ME DÉBROUILLER TOUT SEUL ! BARREZ-VOUS !
POURQUOI JE FAIS TOUT DANS CETTE ÉMISSION ?!
TRAP
TU SAIS CE QUE LES GENS ME DISENT ?... DE DÉFONCER MACRON ! ILS SONT MÊME PAS EN COLÈRE, ILS SONT FOUS !
SI JE FAIS DU LAURENT DELAHOUSSE, C'EST MOI QU'ILS VONT TUER... ET ILS AURONT RAISON !
JUSTE RÉFLÉCHIS À ÇA !
BON ALLEZ, DONNE-MOI TES FICHES, JE VAIS EN PLATEAU !
MAIS !!! ON N'A PAS FINI !

SI !
ON A FINI !
JULIEN, VOUS ME FAITES FAIRE UNE ÉMISSION À LA NOIX, MAIS CE N'EST PAS MON ÉMISSION, C'EST UN PUTAIN DE CLIP DE PROMO !
ON NE PENSE PAS AUX GENS... C'EST DE LA MERDE !
VVBRRR
AH AH AH ! ÉNORME !
MATE LE GROS PLAN ! C'EST AFIDA !
C'EST SES EINS OU C'EST SON CUL ?
D'AUSSI PRÈS, ON RECONNAÎT RIEN, C'EST DINGUE !
ÇA C'EST UNE IDÉE DE JEU POUR MACRON !
"EINS OU TARMA ?"
AH, AH, AH !
ÇA S'EST BIEN PASSÉ ?
NON !
IL COMPREND RIEN !
J'ARRIVE JAMAIS À SAVOIR S'IL EST GÉNIAL OU DÉBILE.
REMARQUE, ON VA ÊTRE VITE FIXÉ.
MACRON EST ARRIVÉ !

POLICE
JE N'AI JAMAIS VU AUTANT DE GARDES DU CORPS EN COULISSES. MÊME POUR MADONNA C'ÉTAIT PLUS LIGHT !
C'EST QUI LE TYPE LÀ-BAS AVEC LA BOUTEILLE LUMH ?
C'EST LE PORTEUR DE GEL HYDROALCOOLIQUE DU PRÉSIDENT ! IL N'EN DONNE QU'À LUI.
JE LE SAIS, J'AI ESSAYÉ !
CYRIL, TU M'ENTENDS ?
ON LANCE LE MAGNÉTO !

MONSIEUR LE PRÉSIDENT, JE M'APPELLE CLAIRE ET JE SUIS PROF. JE ME SUIS ENGAGÉE POUR AIDER LES ENFANTS. L'ÉDUCATION EST TOUTE MA VIE, MAIS JE NE PEUX PLUS EN VIVRE.
POURQUOI L'ÉTAT NOUS A-T-IL ABANDONNÉS ?
MERCI, MA CHÉRIE !
QUE DITES-VOUS À CLAIRE ?
TPMP
JE VAIS PEUT-ÊTRE VOUS SURPRENDRE...
MAIS JE VOUDRAIS DIRE À CLAIRE DE CONTINUER À SE BATTRE.
VOUS SAVEZ, CYRIL, LA FRANCE EST UNE VIEILLE NATION QUI A CONNU DE GRANDES ÉPREUVES, ET C'EST UNE FORCE !
CLEMENCEAU DISAIT : "LE VAINQUEUR C'EST CELUI QUI PEUT, UN QUART D'HEURE DE PLUS QUE L'ADVERSAIRE, CROIRE QU'IL N'EST PAS VAINCU."
IL FAUT TENIR CE QUART D'HEURE DE PLUS !
MD
COMME UN BOXEUR !
OUI, MAIS VOUS SAVEZ CE QUI FAIT UN GRAND BOXEUR ?
C'EST DE SAVOIR ENCAISSER.
PRENEZ ALI CONTRE FOREMAN, EN 1974. ALI A ENCAISSÉ PENDANT 8 ROUNDS. IL N'A DÉVOILÉ SON JEU QU'À LA DERNIÈRE MINUTE... ET IL A GAGNÉ !
AH, AH ! J'ADORE !
ON PEUT AVOIR LA MUSIQUE ?
ROCKY ! ROCKY ! ROCKY !
ROCKY ! ROCKY ! ROCKY !

EYE OF THE TIIIIGER
OUAIIIIS!!!
OUUAIIIS!!!
VOUS SAVEZ FAIRE DES POMPES SUR UNE MAIN, PRÉSIDENT ?
AH AH!
EYE OF THE TIGER!
TIN TIN TIN TIN TIN TIN
ILS FONT CHACUN LEUR NUMÉRO. TU VOIS QUE VOUS N'AVEZ PAS À VOUS INQUIÉTER.
MM...
CYRIL, DERNIER MAGNÉTO !
MONSIEUR LE PRÉSIDENT, JE M'APPELLE JULIE, JE SUIS INFIRMIÈRE EN EHPAD ET TOUS LES SOIRS, EN RENTRANT CHEZ MOI, JE PLEURE UN BON COUP POUR NE RIEN MONTRER À LA MAISON.
JE PENSE À MARCELLE, QUE J'AVAIS QUITTÉE EN PROMETTANT DE REVENIR LA VOIR...
JE L'AIMAIS BIEN... ELLE RESSEMBLAIT À MA PETITE MAMIE.
JE... JE N'AI PAS RÉUSSI À LA PROTÉGER.
JULIE, MA BEAUTÉ, JE TE PRENDS DANS MES BRAS ET JE T'EMBRASSE !
SMACK

JULIE...
J'AURAIS VOULU SAUVER TOUT LE MONDE. MAIS CE VIRUS EST REDOUTABLE. DANS UNE GUERRE IL Y A DES VICTIMES... À QUOI PENSAIENT CHURCHILL ET ROOSEVELT AVANT LE DÉBARQUEMENT ?
ILS SAVAIENT QU'IL Y AURAIT DES MORTS !
TPMP
ÊTRE PRÉSIDENT, C'EST PORTER LE POIDS DE CES SACRIFICES.
MM...
PRÉSIDENT ! VOUS AVEZ LIBÉRÉ LA FRANCE ? VOUS AVEZ COMBATTU HITLER ? NON ! ON N'A MÊME PAS PU PROTÉGER UNE PETITE MAMIE DANS SON LIT ! ON N'EST PAS AU THÉÂTRE !
IL NE SUFFIT PAS D'AVOIR UNE MINIJUPE ET DES COUETTES POUR ÊTRE BRITNEY SPEARS !
ON PEUT AVOIR BRITNEY ?
BRITNEY ! BRITNEY ! BRITNEY !
OOOPS... I DID IT AGAIN
EH BEN, VOUS CHANTEZ PAS, PRÉSIDENT ?
LALALA LALA...
CYRIL, C'EST L'INTERVIEW ! MAINTENANT !
VOUS AVEZ ÉTÉ À DEUX DOIGTS DE FAIRE CHANTER "OOPS I DID IT AGAIN" À UN PRÉSIDENT EN EXERCICE.

PRÉSIDENT, JE VAIS APPELER VOTRE ÉPOUSE, BRIGITTE !
CLAP CLAP CLAP CLAP
CLAP CLAP
PRÉSIDENT, ON A CRÉÉ LE JEU "À PRENDRE OU À LAISSER", C'EST DU JAMAIS-VU DANS L'HISTOIRE DE LA TÉLÉVISION.
C'EST ÇA, LA GRANDE INTERVIEW ?!
CYRIL EST ALLÉ CHERCHER LES BOÎTES LUI-MÊME, IL EST ARRIVÉ AVEC.
POUR ÊTRE HISTORIQUE, ÇA VA ÊTRE HISTORIQUE !
VOICI DES BOÎTES NUMÉROTÉES DE 1 À 10. DANS CHAQUE BOÎTE IL Y A UNE QUESTION ENVOYÉE PAR UN FANZOUZE. IL Y A 5 QUESTIONS ULTRA-SYMPAS ET 5 ULTRA-HORRIBLES.
VOUS ÊTES PRÊT, PRÉSIDENT ?
ON VOUS ENCOURAGE !
clap clap clap clap clap clap clap
LES BOÎTES ! LES BOÎTES ! LES BOÎTES !
ALLEZ-Y, CHOISISSEZ UN NUMÉRO !
D'ABORD, JE DOIS DIRE QUE C'EST TRÈS INHABITUEL. ON NE M'A JAMAIS INTERVIEWÉ AVEC DES BOÎTES. C'EST UNE PREMIÈRE, CYRIL !
JE PRENDRAI LA BOÎTE 7, COMME LES 7 CHANTIERS DE 2027 !
AH, C'EST UNE GENTILLE... VOUS CONNAISSEZ LA DATE D'ANNIVERSAIRE DE VOTRE ÉPOUSE ?
ABSOLUMENT, C'EST LE 13 AVRIL !
JE CONFIRME !
ELLE CONFIRME, ON L'APPLAUDIT !
UNE AUTRE BOÎTE ?

LA 5 !
AH, ELLE EST DURE, CELLE-LÀ... JE NE SAIS PAS SI JE DOIS LA POSER.
JE LA POSE QUAND MÊME ?
LA QUESTION ! LA QUESTION ! LA QUESTION !
AVEC VOTRE PARCOURS DE PREMIER DE LA CLASSE, AVEZ-VOUS LE SENTIMENT QUE VOUS CONNAISSIEZ VRAIMENT LA FRANCE EN ARRIVANT À L'ÉLYSÉE ?
MMF !
LES FRANÇAIS ME SURPRENNENT TOUS LES JOURS, ET ENCORE CE SOIR. C'EST POUR ÇA QUE JE LES AIME.
ET LES FANZOUZES AUSSI, BIEN SÛR !
ALLEZ, BOÎTE NUMÉRO 6 !
VOUS AVEZ DIT QU'IL FALLAIT TRAVAILLER POUR SE PAYER UN COSTARD. LE COSTARD DE PRÉSIDENT N'EST-IL PAS TROP GRAND POUR VOUS ?
TPMP
ON CRITIQUAIT BEAUCOUP MON PRÉDÉCESSEUR PARCE QU'IL PORTAIT SES CRAVATES DE TRAVERS. JE N'AI PAS, POUR MA PART, L'HABITUDE DE PORTER DES COSTUMES TROP LARGES.
LA BOÎTE NUMÉRO 2 !
EMMANUEL MACRON, À VOTRE AVIS, POURQUOI LES FRANÇAIS VOUS DÉTESTENT ?
PAS TOUS, CYRIL !

CERTAINS M'EN VEULENT, C'EST VRAI, MAIS C'EST PARCE QUE JE LEUR DIS LA VÉRITÉ...
IL Y A DES QUESTIONS SYMPAS, VOUS ÊTES SÛR ?
ON ESSAIE LA BOÎTE NUMÉRO 1 ?
AÏE ! ELLE VA FAIRE MAL, CELLE-LÀ, PRÉSIDENT !
POURQUOI VOUS ENTOUREZ-VOUS DE GROS NULS, ARCHI-NULS, COMME BENALLA, GRIVEAUX OU CASTANER ?
ALORS LÀ, CYRIL, VOUS ME DÉCEVEZ !
CE NE SONT PLUS DES QUESTIONS MAIS DES INSULTES !
IL FAUT RESPECTER LES PERSONNES, LES FAMILLES... JE REFUSE DE SERVIR DE DÉFOULOIR À LA HAINE ! JE NE PENSAIS PAS QU'ON ALLAIT TOMBER DANS UN TEL DEGRÉ DE VILENIE, SINON J'AURAIS REFUSÉ L'INVITATION !
MAIS C'EST L'ÉLYSÉE QUI NOUS A APPELÉS POUR NOUS SUPPLIER DE VOUS INVITER.
CYRIL, VOUS ÊTES PATHÉTIQUE ! ON S'ENFONCE DE PLUS EN PLUS !
ON S'ENFONCE ? MAIS VOUS N'AVEZ RÉPONDU À AUCUNE QUESTION ! ATTENDEZ...
HÉ, MES CHÉRIS, VOUS VOULEZ VOIR À QUOI ÇA RESSEMBLE, LES COULISSES D'UNE ÉMISSION AVEC LE PRÉSIDENT ?
ALLEZ, ON Y VA !
CYRIL, ON A LE PRÉSIDENT EN PLATEAU, TU PEUX PAS LE PLANTER COMME ÇA !
VISIBLEMENT, IL PEUT !
VOUS VOULEZ VOIR LES QUESTIONS ? TOUT EST SUR DES FICHES CONTRÔLÉES PAR L'ÉLYSÉE !
VOUS VOULEZ LA VÉRITÉ ?

JE N'AI PAS EU LE DROIT DE VOUS INVITER À L'ÉMISSION, VOUS LES FRANÇAIS ! BABA N'A PAS PU FAIRE SON ÉMISSION. ET C'EST COMME ÇA À CHAQUE FOIS !
TPMP
QUAND VOUS VOYEZ UNE ÉMISSION AVEC LE PRÉSIDENT, C'EST LUI QUI DÉCIDE.
EMMANUEL, VOUS VIVEZ DANS UNE BULLE... SOUS CLOCHE !
ALLEZ, ON VA FAIRE UN JEU, ON VA COMPTER LES GARDES DU CORPS...
1, 2, 3, 4, 5, 6, 7... COUCOU LUI QUI SE CACHE... 8 !
REGARDEZ LES CAMIONS ! EN ARRIVANT, JE VOUS MENS PAS, J'EN AI COMPTÉ 25 ! 25 CARS DE CRS POUR ALLER À "TPMP" !
UN PRÉSIDENT, ÇA DOIT PAS AVOIR PEUR DE SON PEUPLE !
FAITES SORTIR LE PUBLIC SUR LE TROTTOIR !
QUOI ?!
C'EST SON MOMENT ! MAINTENANT !
UN PRÉSIDENT NE DOIT PAS AVOIR PEUR DE SON PEUPLE !

MOI, JE VEUX UNE FRANCE...
UNE FRANCE QUI NE FAIT PAS LA GUERRE À SES PAUVRES. UNE FRANCE OÙ LES JEUNES DES QUARTIERS ET LES GILETS JAUNES BOIVENT DES COUPS ENSEMBLE, FUMENT ENSEMBLE SUR LES RONDS-POINTS, PARCE QU'ON EST DANS LE MÊME PAYS !
JE VEUX UNE FRANCE OÙ MARINE LE PEN FAIT 2 % PARCE QU'ON ÉCOUTE LES GENS AU LIEU DE LES MÉPRISER.
JE VEUX UNE FRANCE OÙ LES POLICIERS SONT NOS AMIS, ET PAS DES ROBOCOPS MALHEUREUX, À QUI ON DEMANDE DE RÉSOUDRE TOUS NOS PROBLÈMES !
JE VEUX UNE FRANCE OÙ CLAIRE A ENVIE D'ENSEIGNER ET OÙ JULIE A LES MOYENS DE SOIGNER ! PARCE QUE SANS CLAIRE ET JULIE, ON NE SERAIT RIEN. JE VEUX UNE FRANCE OÙ ON ARRÊTE DE NOUS PARLER DES MORTS PARCE QUE, NOUS, ON EST VIVANTS !
DIRECT
C8
TPMP
ON EST VIVANTS, BORDEL !
clap clap clap clap clap clap
OUAIS !
OUAIS !
CYRIIIL !
OUAIIIS !
clap clap clap clap clap clap clap clap clap clap clap clap clap
CYRIL, MACRON SE BARRE !

LA UNE LA PLUS FRAPPANTE, C'EST CELLE DE LIBÉRATION, ISABELLE, QUI TITRE "LA RASSRAH". AVEC LA FAMEUSE PHOTO DU PRÉSIDENT QUI TOURNE LE DOS À LA CAMÉRA !
"MACRON A FAIT LE TOUR DE LA Ve RÉPUBLIQUE" ÉCRIT LIBÉ. IL A VOULU ÊTRE MITTERRAND, SARKOZY, CHIRAC, ET MÊME DE GAULLE... IL A FINI PAR ÊTRE GISCARD !
"HANOUNA, LA FAUTE !", C'EST LE TITRE DU FIGARO QUI N'EST PAS TENDRE AVEC L'ANIMATEUR, ACCUSÉ D'AVOIR "SALI LA FRANCE".
"FAUT-IL INTERDIRE HANOUNA ?" S'INTERROGE CARRÉMENT LE PARISIEN.
"LE POPULISME ATTAQUE L'ÉLYSÉE COMME LA ROUILLE LES VIEUX MÉTAUX", ÉCRIT JANNICK ALIMI.
LE FIGARO
"HANOUNA EST UN DANGER QUI CORRODE NOTRE DÉMOCRATIE."
INTERDIRE HANOUNA ? ÇA VA UN PEU LOIN, DAVID, NON ?
LE FIGARO
IL FAUDRAIT POSER LA QUESTION AU MONDE ! DANS UN ÉDITORIAL INTITULÉ "LA RÉPUBLIQUE DANS LA NASSE", LE QUOTIDIEN DU SOIR S'INTERROGE : "HANOUNA A-T-IL PIÉGÉ LE PRÉSIDENT ?"
"ET SI TOUT CELA AVAIT ÉTÉ PRÉMÉDITÉ" SE DEMANDE SAMUEL LAURENT, "MAIS AU BÉNÉFICE DE QUI ?"
HAN !
ALORS, C'EST UN COMPLOT ?
ALLEZ SAVOIR !

MÊME LA PRESSE RÉGIONALE S'Y MET. LA PROVENCE CONSTATE QUE "CE QUE LES GILETS JAUNES N'AVAIENT PAS RÉUSSI, HANOUNA L'A FAIT".
MAIS LE PLUS INCROYABLE, C'EST QUE SUR TWITTER, LE HASHTAG #HANOUNAPRÉSIDENT ÉTAIT EN TÊTE DES TENDANCES HIER SOIR. ET SUR FACEBOOK, LE PRINCIPAL GROUPE "FRANCE FANZOUZE" TOTALISE DÉJÀ 800 000 MEMBRES !
La Proven
Hanouna
Ce que les
800 000 MEMBRES ?!
LES FANZOUZES SONT HYPERACTIFS. RIEN QU'AVEC CYRIL ET LES CHRONIQUEURS, "TPMP" A PLUS DE 10 MILLIONS DE FOLLOWERS !
TOUS LES SPECTATEURS ONT FILMÉ LE DISCOURS.
IL Y A DES EXTRAITS PARTOUT SUR YOUTUBE... AVEC "EYE OF THE TIGER" ET "OOPS, I DID IT AGAIN" AVEC MACRON... ON EST SUR TOUS LES GROUPES : GILETS JAUNES, LE PEUPLE CITOYEN, CITOYENS UNIS, LE COMBAT CONTINUE, ON N'OUBLIERA PAS...
ET MATE BFMTV ! ILS NE PARLENT QUE DE LUI !
PUTAIN, C'EST OUF ! COMMENT ON VA SORTIR DE ÇA ?
MAIS POURQUOI TU VEUX EN SORTIR ?
ON N'A JAMAIS EU UN IMPACT PAREIL ! Y A UNE PÉTITION SUR CHANGE.ORG POUR QUE CYRIL SOIT CANDIDAT ET Y A DÉJÀ 500 000 SIGNATURES !
VOUS ÊTES SÉRIEUX ?
ÉVIDEMMENT QU'IL FAUT EN SORTIR ! C'EST PAS UN JEU ! ON VOTE PAS HANOUNA !
GRRRRR!
MERDE ! CYRIL ANNULE L'ÉMISSION !
QUOI ?
IL DIT "PAS DE TPMP CE SOIR, JE RENTRE AU BLED" !
LE BLED, C'EST LES LILAS, CHEZ SES PARENTS.

Clinique des Lilas
ROMAINVILLE
Parc des Sports
Centre de santé
TUUT
UBER
VROO
VRAR
Mimi Marchand :
Tu nous as bien niqués mais quand c'est bien fait c'est pas désagréable.
On se voit vite !
VBRRR
TUUT
VRAR
LES LIL
Clarissa :
Ce que tu as fait est minable.
Gaël est effondré.
DING
M. et Mme Hanouna
DONG

ENTREZ... MARION M'A PRÉVENUE. JE SUIS EN TRAIN DE FAIRE DE LA TCHATCHOUKA... VOUS AIMEZ ?
DE LA QUOI ?
C'EST LUI QUI M'EN A DEMANDÉ ! C'EST LE SIGNE D'UNE GROSSE DÉPRIME.
JE LUI EN FAISAIS LIVRER TOUS LES SOIRS PENDANT LE CONFINEMENT.
C'ÉTAIT DUR ! ILS AVAIENT ANNULÉ UNE DE SES ÉMISSIONS, LE PAUVRE.
VOUS ALLEZ M'AIDER ! C'EST SIMPLE... TOMATES, OIGNONS, POIVRONS, MERGUEZ, ET BIEN SÛR... LES OEUFS !
VOUS SAVEZ QU'IL Y EN A QUI MANGENT LA TCHATCHOUKA SANS LES OEUFS !?!
C'EST-À-DIRE QUE... JE N'AI JAMAIS MANGÉ DE...
NON ? JAMAIS ?
MAIS ELLE FAISAIT QUOI, VOTRE MÈRE ?
ÉPLUCHEZ LES TOMATES !
VOUS CROYEZ AU DESTIN ?
AU DESTIN ?
MON MARI, PAS DU TOUT ! C'EST UN SCIENTIFIQUE !
VOUS SAVEZ POURQUOI IL EST MÉDECIN GÉNÉRALISTE ET PAS NEUROLOGUE ?
AH NON...
LUI, IL DIT QUE C'EST PARCE QU'IL S'EST FAIT GREFFER UN REIN LE JOUR DE L'EXAMEN. C'EST VRAI, LE PAUVRE, MAIS C'ÉTAIT SON DESTIN !
IL ÉTAIT FAIT POUR SOIGNER LES LILAS... ON EST TOUS FAITS POUR QUELQUE CHOSE.
ET CYRIL, IL ÉTAIT FAIT POUR QUOI ?
TCHAK TCHAK !
CYRIL ?
...

Cyril a vécu ici jusqu'à ses 30 ans, vous saviez ça ? Serge Benamou, dans La Vérité si je mens !, c'est lui ! Il n'aime pas quand je dis ça, mais il ne faisait rien de ses journées...
Il passait son temps à regarder la télé.
Vous avez vu mon Baba dans La Vérité si je mens ! 3 ?
TCHAK
Venez voir !
Je vous ai tout préparé...
Toutes les photos, toute la presse depuis le début.
Regardez ça, comme il était beau quand il était bébé ! Les gens s'arrêtaient dans la rue pour nous complimenter.
Cyril Valéry Isaac ?
Ce sont ses trois prénoms.
Cyril Valery Isaac
Cyril, parce qu'on voulait un prénom français. On arrivait de Tunisie, vous savez. Et Isaac c'est le prénom de son grand-père.
Et Valéry ?
Valéry, comme le président Valéry Giscard d'Estaing ! C'est le destin, Julien. J'ai toujours su que Cyril ferait des choses importantes.
Et vous allez l'aider !

Grat
Grat
CYRIL VALÉRY ISAAC ?
BABA débuts T.V.
MA MÈRE A TOUJOURS EU PLUS D'AMBITION QUE MOI ! "PAS UNE SEULE GOUTTE DE SANG FRANÇAIS NE COULE DANS MES VEINES MAIS LA FRANCE COULE EN MOI !",
HEIN, MA !
C'EST DU ROMAIN GARY, JULIEN.
JE LUI AI OFFERT TOUTE LA COLLECTION QUAND IL ÉTAIT PETIT.
MA, C'EST UN GRAND AUTEUR FRANÇAIS. ON NE DIT PAS "TOUTE LA COLLECTION" !
MOI JE LE DIS !
SHHHH
Grat
IL FAUT QUE VOUS REVENIEZ, CYRIL !
NON !

J'AI FAIT LA PLUS GRANDE AUDIENCE DE MA VIE ! 20 MILLIONS DE TÉLÉSPECTATEURS… UN FRANÇAIS SUR TROIS M'A REGARDÉ… ET LE FIGARO DIT QUE J'AI "SALI LA FRANCE" ? LE PARISIEN VEUT M'INTERDIRE ?
ALORS, ALLEZ TOUS VOUS FAIRE FOUTRE ! J'ARRÊTE.
CYRIL !
PARDON, MA !
CE SOIR, JE VAIS SIMPLEMENT REGARDER LA TÉLÉVISION AVEC MES PARENTS EN MANGEANT UNE TCHATCHOUKA. VOUS VOUS DÉBROUILLEREZ BEAUCOUP MIEUX SANS MOI !
CYRIL, VOUS AVEZ UNE ÉMISSION CE SOIR ! J'AI DIT À L'ÉQUIPE DE TRAVAILLER, ELLE VOUS ATTEND !
T'AURAIS PAS DÛ.
IL N'Y A PAS QUE VOTRE ÉQUIPE ! LA FRANCE ENTIÈRE VOUS ATTEND !
JULIEN, J'AI TUÉ UN PRÉSIDENT.
JE PASSE POUR QUOI, MAINTENANT ? UN GROS BOUFFON ! POUR LA PRESSE, LE PRÉSIDENT C'EST AU-DESSUS DE TOUT !
J'AI PISSÉ DANS LEUR SALON. ILS NE ME PARDONNERONT JAMAIS.
PARIS MATCH
EXCLUSIF
CYRIL HANOUNA
CONFESSION D'UN PHÉNOMÈNE
« Le public en a marre des donneurs de leçons »
C'EST POUR ÇA QUE VOUS NE VOULEZ PAS REVENIR ? VOUS AVEZ PEUR DE LA PRESSE ?
JE NE SAIS PAS CE QUI M'A PRIS HIER SOIR… C'EST SORTI COMME ÇA.
C'EST PAS UN ACCIDENT ! VOUS AVEZ UN IDÉAL, VOUS PARLEZ AVEC VOS TRIPES ! PARFOIS VOUS ÊTES UN PEU TROP VOUS-MÊME, MAIS VOUS N'ÊTES PAS UN ACTEUR !
VOUS NE POUVEZ PAS SAVOIR À QUEL POINT ÇA FAIT DU BIEN AUX GENS, ÇA !
VOUS NE POUVEZ PAS JUSTE PARTIR, CYRIL ! C'EST TROP FACILE !

TU VEUX QUE JE FASSE QUOI ?
VOUS AVEZ CRÉÉ UN MOMENT POLITIQUE. IL FAUT L'OCCUPER MAINTENANT, SINON UN AUTRE LE FERA !
TU VEUX QUE JE ME PRÉSENTE À L'ÉLECTION PRÉSIDENTIELLE ? T'ES TARÉ ?
LA PRESSE VOUS CRITIQUE, MAIS LES FRANÇAIS NON.
ON NE PEUT PAS SE DÉROBER QUAND ON A CRÉÉ UNE ATTENTE PAREILLE !
C'EST PAS CE QUE VOUS VOULIEZ ? ÊTRE GRETA THUNBERG ?
IL A RAISON, BABA !
MM ?
TU NE M'AS PAS RÉPONDU ! IL FAUDRAIT FAIRE QUOI ?
ON FONCE, ON RÉPOND AU PUBLIC, ON S'AMUSE, ON CHANGE LES RÈGLES DU JEU. ET SI À LA FIN ÇA MARCHE, ON DEVIENT PRÉSIDENT.
À TABLE !

EST-CE QUE VOUS VOULEZ BIEN M'EXPLIQUER CE QUE C'EST QUE CE BORDEL ?
BOLLORÉ
LES BOLLORÉ ONT TRAVERSÉ DES RÉVOLUTIONS, 3 ROIS, 1 EMPEREUR, 25 PRÉSIDENTS DE LA RÉPUBLIQUE ! J'AI RACHETÉ L'ENTREPRISE FAMILIALE QUAND J'AVAIS 29 ANS, POUR 2 FRANCS ! ÇA FAIT 30 cts D'EUROS. LES BOLLORÉ N'ONT PEUR DE RIEN.
RIEN !
MAIS LÀ, VOUS M'INQUIÉTEZ ! VOUS INVITEZ MACRON, OU PLUTÔT, IL S'INVITE CHEZ NOUS, C'EST UNE BONNE IDÉE, ÇA FAIT DE L'AUDIENCE, IL Y A TOUT POUR QUE ÇA SE PASSE BIEN...
ET VOUS, VOUS L'EXPLOSEZ !
EST-CE QUE VOUS AVEZ UNE IDÉE DU TEMPS QUE J'AI PASSÉ À RÉPARER CETTE CONNERIE ?
VOUS VOUS ÊTES DÉJÀ FAIT ENGUEULER PAR UN PRÉSIDENT DE LA RÉPUBLIQUE ?
MACRON N'ÉTAIT PAS EN COLÈRE, IL ÉTAIT EN RAGE !
TOUT ÇA ME COÛTE TRÈS CHER, JULIEN ! TRÈS CHER !!
JE... JE SUIS DÉSOLÉ.
SOUS HOLLANDE, QUAND LA GAUCHE EST REVENUE AU POURBOIRE...
AU POUVOIR ?
J'AI DIT QUOI ?
QUAND LA GAUCHE EST REVENUE AU POUVOIR, J'AI EU UNE DISCUSSION AVEC LE PRÉSIDENT, IL M'A DIT : « VINCENT, AVEC TOUTES VOS CHAÎNES, AVEC TOUT VOTRE ARGENT, VOUS POURRIEZ ME FABRIQUER UN CONCURRENT ! »

ON PEUT ENCORE TOUT ARRÊTER.
NON, C'EST TROP TARD ! MÊME VOUS, VOUS LE SAVEZ.
METTEZ LE BAZAR !
J'AIME QUAND ON MET LE BAZAR.
LE DÉSORDRE, C'EST COMME LA NUIT. Y A CEUX QUI VOIENT...
ET LES AUTRES.
TRÈS BIEN.
JULIEN, VOUS SAVEZ NAVIGUER, MAIS GARDEZ LA CONSCIENCE DE VOS LIMITES. À UN MOMENT, IL FAUDRA RENTRER AU PORT. ENTENDU ?
ENTENDU !

C'EST ENCORE UNE PREMIÈRE, RUTH. DANS LEUR TRÈS GRANDE MAJORITÉ, LES FRANÇAIS REFUSENT DE RÉPONDRE À NOS SONDAGES SI NOUS NE TESTONS PAS HANOUNA COMME CANDIDAT À L'ÉLECTION PRÉSIDENTIELLE DE 2022.
C'EST LE RÉSULTAT D'UNE CAMPAGNE, BRICE !
OUI, RUTH...
UNE CAMPAGNE REPRISE PAR DES MILLIONS DE PERSONNES SUR LES RÉSEAUX SOCIAUX, AVEC LE HASHTAG #TESTEZHANOUNA.
C'EST L'ÉQUIPE DE CYRIL HANOUNA QUI SEMBLE L'AVOIR LANCÉE, MAIS ON N'EN EST PAS CERTAIN. CELA PEUT AUSSI ÊTRE UNE INITIATIVE INCONTRÔLÉE DE LA BASE, C'EST-À-DIRE DES FANZOUZES.
LES FANZOUZES DEVIENDRAIENT DONC UNE VRAIE FORCE POLITIQUE... À SUIVRE, BRICE.
EN ATTENDANT, ALLEZ-VOUS TESTER HANOUNA POUR 2022 ?
OUI !
UN PREMIER SONDAGE EST EN COURS, ON AURA LES RÉSULTATS DANS UNE SEMAINE.
C'EST TOI QUI AS LANCÉ #TESTEZHANOUNA, YASSINE ?
HÉ, HÉ !
MAIS PERSONNE NE VA VOULOIR DE CYRIL COMME PRÉSIDENT !
S'IL FAIT 0 %, IL SE PASSERA QUOI ?
T'Y AS PENSÉ À ÇA ?
IL VA ÊTRE DÉTRUIT !
DÉ-TRUIT !
TPMP

MARION N'A PAS TORT ! SANS COMPTER L'ANTISÉMITISME...
IL VA SE FAIRE DÉFONCER.
TU RISQUES DE FAIRE PERDRE DES CANDIDATS PLUS SÉRIEUX. JADOT, QUI POURRAIT ÊTRE LE PREMIER PRÉSIDENT FRANÇAIS ÉCOLO...
QU'EST-CE QUI TE FAIT PEUR ?
QUE ÇA MARCHE OU QUE ÇA MARCHE PAS ?
inter
le 7/9
TAXIS
TAXI
ES ONDES
VRRR
VRRR
TÛT !
PUTAIN, TU M'AS FAIT LEVER TÔT ! JE M'ÉTAIS PAS LEVÉ AUSSI TÔT DEPUIS LE "MORNING LIVE", ET C'EST PAS MON MEILLEUR SOUVENIR !
JE M'ÉTAIS CASSÉ LE NEZ EN JOUANT AU PEINTRE MAÎTRE-NAGEUR...
LA FRANCE APPARTIENT À CEUX QUI SE LÈVENT...
STOP !
JAMAIS TU FAIS UN BREAK ?
QU'EST-CE QUE TU ME POURRAIS LA TÊTE, LÀ ?

BON, VOUS SAVEZ QUOI DIRE ?
OUI, OUI, ALLEZ, ON Y VA !
VOUS VOULEZ PAS RÉPÉTER ?
NON, BALEK !
SLURP!
ONDES
BALEK ?
PUTAIN, T'ES MON COMMUNICANT ET TU SAIS PAS CE QUE VEUT DIRE BALEK ? T'ES SÉRIEUX ?
LES ONDES
NE REGARDE PAS SUR GOOGLE !
JE T'INTERDIS DE CHERCHER SUR GOOGLE !
MMF
STUDIO 25
AAH, D'ACCORD !
inter
inter
inter

CYRIL HANOUNA, BONJOUR !
SALUT !
OUHLÀ, ON DIRAIT QUE C'EST UN PEU TÔT POUR VOUS, LÀ, NON ?
HI, HI !
BON ALORS, ON NE VOUS A PAS PRÉPARÉ DE BOÎTES, MAIS...
C'EST DOMMAGE, C'EST MON JEU PRÉFÉRÉ !
NOUS, ON VA PLUTÔT ESSAYER DE FAIRE UNE INTERVIEW SÉRIEUSE, AVEC NICOLAS DEMORAND QUI EST À CÔTÉ DE MOI...
POUCE !
COMMENT ÇA "POUCE" ?
POUCE, ON ARRÊTE TOUT ! TOUT LE MONDE SAIT POURQUOI VOUS M'INVITEZ. ON VA PAS FAIRE PERDRE DU TEMPS AUX GENS !
J'AI UN PAPIER DANS CHAQUE MAIN. SUR L'UN DES DEUX PAPIERS, IL EST ÉCRIT QUE JE SUIS CANDIDAT À LA PRÉSIDENCE DE LA RÉPUBLIQUE.
VOUS CHOISISSEZ !
QUELLE MAIN ?
LA GAUCHE OU LA DROITE ?
NON, MAIS C'EST N'IMPORTE QUOI LÀ !
LA DROITE !

LA DROITE, VOUS ÊTES SÛRS ?
ATTENTION, JE LIS !
HUM, HUM !
"JE SUIS CANDIDAT À LA PRÉSIDENCE DE LA RÉPUBLIQUE" !
AH BEN VOILÀ, JE SUIS CANDIDAT !
VOUS ÊTES SÉRIEUX, LÀ ?
VOUS SAVEZ CE QUE COLUCHE AVAIT RÉPONDU À ÇA ?
C'EST VOUS QUI ME PRENEZ AU SÉRIEUX PUISQUE VOUS M'INVITEZ !
VOUS VOUS COMPAREZ À COLUCHE ?
JE SUIS SÉRIEUX ! JE ME PRÉSENTE À LA PRÉSIDENCE DE LA RÉPUBLIQUE POUR ÊTRE LE CANDIDAT DES PETITS, DES SANS-GRADE, DES QUARTIERS ET DES GILETS JAUNES !
JE VEUX DÉFENDRE LES CHÔMEURS QU'ON EMMERDE, LES FUMEURS DE JOINTS QU'ON PERSÉCUTE, ET LES PRÉCAIRES QU'ON PIÉTINE. JE SERAI LE CANDIDAT DU PEUPLE, PARCE QUE SINON LE PEUPLE N'AURA PAS DE CANDIDAT.
MAIS C'EST COMPLÈTEMENT DÉMAGO !
C'EST UN POSITIONNEMENT POPULISTE, ÇA, CYRIL !

radio france
MAIS JE SUIS FIER D'ÊTRE POPULISTE ! JE SUIS LE PLUS GROS POPULISTE DE FRANCE !
ÇA FAIT VINGT ANS QU'ON SE PARLE AVEC LES FRANÇAIS...
LÉA, JE NE PENSE PAS QUE LE MOT "PEUPLE" SOIT UN GROS MOT !
J'AI INVITÉ LES GILETS JAUNES ET MACRON EN PLATEAU. LES DEUX ME L'ONT DEMANDÉ.
ET J'AI VU QUE MACRON N'AIMAIT PAS LES GENS.
MACRON, C'EST UN IMPOPULISTE !
ET C'EST QUOI, VOTRE PROGRAMME ? UNE DARKA POUR LA FRANCE ?
D'ABORD, JE NE DONNERAI PLUS AUCUNE INTERVIEW À LA PRESSE, SAUF AU SOIR DU PREMIER TOUR !
FAITES COMME MOI... DITES "POUCE" AUX MÉDIAS !
ET SUIVEZ-MOI SUR TWITTER !
METTEZ-MOI EN TÊTE AU PREMIER TOUR ET JE VOUS DIRAI TOUT !

ENTRÉ
PAS MAL, LE COUP DU PAPIER !
J'AI ÉCRIT ÇA JUSTE AVANT D'ENTRER EN STUDIO.
ET Y AVAIT ÉCRIT QUOI SUR L'AUTRE ?
LA MÊME CHOSE.
AH AH AH AH AH !
checs et mats : e racisme dans es échecs.
Mollahsons : Ces fainéants qui dirigent l'Iran.
Portrait : Valls, l'ibère de notre déplaisir.
Libération
LE TRUMP FRANÇAIS
Hanouna, un candidat qui trump énormément
PORTE DE LA CHAPELLE
Des logements en préfabriqué à disposition des migrants
75
Le Parisien
Un Hold-up démocratique
Hanouna reçu hier au 7/9 de France Inter annonce sa candidature
Le PSG aux portes de la victoire. PAGES 16 ET 17
Economie
Le boom des téléphones pliables
Politique
Hidalgo : "Non, je ne démissionnerai pas !"
Société
Ligne 13 : "J'ai cru mourir."
Cinéma
Sauvages : Forêt animée
RENDEZ-VOUS
Conso
Le juteux business des anti-androgènes P. 14 ET 15
Le Mon
Présidentielle : Hanouna entre dans la course
LREM, PS, PR : Le crépuscule des partis.
Sarkozy, le faux ami de la droite.
Environnement
Des masques biodégradables
Tensions accrues autour du Détroit de

Le Parisien
Un Hold-up démocratique
JANNICK, ÇA VEUT DIRE QUOI CE TITRE ? "UN HOLD-UP DÉMOCRATIQUE" ?
HANOUNA PIÈGE MACRON, IL OBLIGE LES SONDEURS À LE TESTER, IL FAIT CAMPAGNE TOUS LES SOIRS SUR C8 ET IL DÉCLARE SA CANDIDATURE CHEZ SALAMÉ ! À QUELQUES MOIS DU VOTE !
PERSONNE N'A LE TEMPS DE SE RETOURNER...
MOI, J'APPELLE ÇA UN HOLD-UP !
MAIS POURQUOI TU NOUS AS PAS APPELÉS AVANT D'ÉCRIRE ÇA ?
ET PUIS QUOI ENCORE ? IL FAUT QUE JE DEMANDE LA PERMISSION ?
MAIS TOUT EST FAUX ! ON N'AVAIT PAS L'INTENTION DE "PIÉGER" MACRON ! ET ON N'EST PAS RESPONSABLES DU SUCCÈS DES HASHTAGS !
EH OH, DIS DONC ! ME PRENDS PAS POUR UNE MOULE, S'IL TE PLAÎT !
ON N'A PLUS LE DROIT DE SE PRÉSENTER À "QUELQUES MOIS" DE L'ÉLECTION ? Y A UNE LOI CONTRE ÇA ?
JULIEN, ON NE SE CONNAÎT PAS BIEN... TU PENSES RÉELLEMENT QUE CYRIL HANOUNA EST CAPABLE DE DIRIGER LA FRANCE ?
MAIS POURQUOI VOUS FAITES CAMPAGNE CONTRE NOUS, JANNICK ?
VOS LECTEURS SONT DE NOTRE CÔTÉ !
ON NE FAIT PAS CAMPAGNE !

MERDE, DRUCKER !
UBRRRR
AÏE ! ON A UN PROBLÈME AVEC MARION ! FAUT QU'ON Y AILLE !
UVBRRR
JE SUIS D'ACCORD AVEC MARION, ON NE PEUT PAS CONTINUER COMME ÇA !
IL Y A DES CANDIDATS VALABLES DANS CETTE ÉLECTION ! JADOT, MÉLENCHON... ON EN A PARLÉ AVEC CYRIL, MAIS IL NE VEUT RIEN ENTENDRE.
MOI, JE VOUS ANNONCE MON DÉPART DE "TPMP." QUI ME SUIT LÈVE LA MAIN !
MOI AUSSI JE LÈVE LA MAIN. RÉFLÉCHISSEZ ! JADOT ET MÉLENCHON, C'EST PAS MA CAME, MAIS AVEC MACRON, ON A UN VRAI PRO DE LA POLITIQUE, AVEC DES AMBITIONS...
VOUS IMAGINEZ CYRIL, S'IL EST ÉLU ? VOUS LE VOYEZ GÉRER LA CRISE ? NON !

QUAND CYRIL A INVITÉ MARLÈNE SCHIAPPA, VOUS N'AVEZ RIEN DIT ! ALORS POURQUOI VOUS L'ATTAQUEZ MAINTENANT ? ET PUIS ON N'A PAS VOS SALAIRES, NOUS ! SI ON BOSSE PAS, ON BOUFFE PAS !
MAIS VOUS AVEZ ENVIE DE FAIRE CAMPAGNE ?
MARION, ON FAIT NOTRE MÉTIER, C'EST TOUT ! ON NE FAIT PAS DE POLITIQUE.
ET PUIS MOI J'AIME BIEN LES DISCOURS DE CYRIL.
TU ES AVEC LUI DEPUIS LE DÉBUT, C'EST MOCHE DE L'ATTAQUER COMME ÇA, MARION !
CYRIL EST TOUJOURS LÀ POUR NOUS ! JE SUIS PAS SÛR QU'IL FERAIT UN MAUVAIS PRÉSIDENT.
IL EST PEUT-ÊTRE SYMPA AVEC VOUS, MAIS NOUS ON S'EN PREND PLEIN LA TÊTE !
C'EST VRAI AUSSI !
OUAIS !
OUAIS !
STOP !
ON VA PAS FAIRE LE PROCÈS DE CYRIL.
AH BON ?
DONC LA RÉUNION EST TERMINÉE ?

MARION, BENJAMIN... C'EST QUOI VOTRE PLAN ? VOUS PROPOSEZ À TOUT LE MONDE DE VOUS SUIVRE ?
MAIS POUR ALLER OÙ ?
PAS AUX RESTOS DU CŒUR, EN TOUT CAS !
MMF !
Moi je file un rancard...
CHE PAS
A MON
RÉSIDENT
à ceux qui n'ont plus rien !
clap clap clap clap clap clap
clap clap clap clap clap
Sans idéologie, discours ou baratin...
clap clap clap clap clap clap clap clap
clap clap clap clap clap clap

C'EST L'HISTOIRE D'UN MEC QUI VEUT DEVENIR PRÉSIDENT !
OUAAAiiiis !!!
OUAAiiiis !
MES CHÉRIS...
ILS VEULENT NOUS EMPÊCHER D'ÊTRE CANDIDAT !
MAIS DES ÉLUS DE TOUTE LA FRANCE ME SOUTIENNENT SUR TWITTER !
ET ON A UN MAIRE EN PLATEAU CE SOIR ! ON L'APPLAUDIT !
BONSOIR, CLÉMENT !
BIENVENUE DANS "TOUCHE PAS À MON PRÉSIDENT" !
BONSOIR, CYRIL ! J'AI SIGNÉ LE PARRAINAGE ET J'AI APPELÉ TOUS MES AMIS MAIRES, ILS VONT TOUS FAIRE PAREIL !
MERCI, MON CLÉMENT, J'T'EMBRASSE !
VOICI NOTRE PREMIER PARRAINAGE... BIENTÔT LES 500 !
LES 500 ! LES 500 ! LES 500 !

ET JE SUIS VENU AVEC AUTRE CHOSE POUR TOI, CYRIL...
OH?
UN CADEAU...
MON ÉCHARPE TRICOLORE!
TON ÉCHARPE DE MAIRE!?
MERCI, CLÉMENT!
ÉCOUTE, JE VAIS PRENDRE UN ENGAGEMENT ENVERS TOI...
CETTE ÉCHARPE, JE LA PORTERAI QUAND J'ENTRERAI AVEC TOI À L'ÉLYSÉE...
QUAND ON SERA PRÉSIDENTS!
CYRIL PRÉSIDENT! CYRIL PRÉSIDENT! CYRIL PRÉSIDENT!
C'EST PAS UN PEU TOO MUCH, LE COSTUME DE COLUCHE?
RAPPELLE-MOI QUI AVAIT SON PORTRAIT SUR TOUS LES RONDS-POINTS, PENDANT LES GILETS JAUNES...
MES BEAUTÉS, CERTAINS DES CHRONIQUEURS SONT PARTIS...
TPMP
OUUUH!
OUH!
DES MEMBRES DE MON ÉQUIPE AUSSI...
OOOUUUH!
OUUH!
OUH!
#HANOUNA 2022

VOUS AVEZ LE DROIT D'ÊTRE EN COLÈRE...
MAIS CE SOIR, J'AI UNE SURPRISE EXTRAORDINAIRE POUR VOUS !
OUAAiiis !
C'EST VOUS QUI ALLEZ DÉCIDER DU GOUVERNEMENT !
AVANT L'ÉLECTION !
OUAiiis !
clap clap
CHAQUE SEMAINE, JE RECEVRAI DE NOUVEAUX CANDIDATS DANS "TPMP" ! CEUX QUI AURONT LE PLUS DE VOTES SERONT SÉLECTIONNÉS POUR LA FINALE !
LES MEILLEURS DE LA FINALE DEVIENDRONT MINISTRES !
Santé
Transports
Culture
Défense
Agriculture
Armées
OUAis !
clap clap
LES MINISTRES ! LES MINISTRES ! LES MINISTRES !
ALORS, JE VOUS PRÉSENTE LA SÉLECTION DE LA SEMAINE...
À COMMENCER PAR JEAN-LOUIS BORLOO !
OUAiiis !
WOO !
MERCI D'ÊTRE PARMI NOUS, JEAN-LOUIS !
SALUT, CYRIL !
clap clap
MES CHÉRIS, IL REVIENT APRÈS DES ANNÉES D'ABSENCE ! IL A CHOISI "TPMP"...
VOICI DOMINIQUE STRAUSS-KAHN !
ON VA REMETTRE LA FRANCE SUR SES PIEDS, CYRIL !
clap clap
ELLE A QUITTÉ EMMANUEL MACRON ET ELLE NOUS DIRA POURQUOI...
UN GRAND BRAVO À MARLÈNE SCHIAPPA !
ASSEYEZ-VOUS, MARLÈNE !
clap clap
LUI, C'EST MARSEILLE QU'IL A QUITTÉ ! BIENVENUE AU PROFESSEUR RAOULT !
OUAAAiiis
OUAis !
OUAIS !
OUAis !
OUA
clap clap
JE N'AIME TOUJOURS PAS PARIS, CYRIL !
AH AH AH AH

NOUS NON PLUS, DIDIER!
C'EST SON GRAND RETOUR DANS L'ÉMISSION... RAQUEL GARRIDO!
clap clap clap clap clap clap
ELLE EST VENUE AVEC SON PLUS BEAU GILET JAUNE... PRISCILLIA LUDOSKY!
clap clap clap
BRAVO!
BIENVENUE À MA GRANDE AMIE... ASSA TRAORÉ!
COEUR AVEC LES DOIGTS, ASSA!
clap clap clap
JE T'AIME, CYRIL!
OUAIS!
clap clap clap clap clap
YES!
JUSTICE POUR ADAMA
ON L'AIME ET ON L'ATTENDAIT SUR C8... STÉPHANE BERN!
AH AH AH AH
clap clap clap clap clap
ET ON APPLAUDIT CETTE GRANDE DAME QUE J'ADORE... MADAME JULIETTE BINOCHE!
TPMP
clap clap clap clap clap
ILS CHERCHENT UN VACCIN CONTRE CYRIL HANOUNA, JULIETTE!
SURTOUT PAS! JAMAIS DE VACCIN, CYRIL!
clap clap clap clap
OUAIS!
MERCI, JULIETTE!
J'L'ADORE!
UN MOT À DIRE POUR DÉFENDRE TA CANDIDATURE, JEAN-LOUIS?
OUI! J'AVAIS UN PROGRAMME SOCIAL POUR LES QUARTIERS. MACRON N'EN A PAS VOULU...
JE TE LE DONNE, CYRIL!
JE VOUS LE DONNE À TOUS!
OUUAAIIIS!!!
clap clap clap clap clap clap clap clap clap

C'EST À PEINE CROYABLE, L'ANIMATEUR-CANDIDAT CYRIL HANOUNA EST ALLÉ DÉPOSER, CE SOIR... 2 MILLIONS DE SELFIES ENVOYÉS PAR LES FRANÇAIS À L'ÉLYSÉE !
AGATHE, VOUS Y ÊTES. QUE S'EST-IL PASSÉ ?
19H
EH BIEN, COMME VOUS POUVEZ LE VOIR SUR CES IMAGES, CYRIL HANOUNA EST ARRIVÉ AU VOLANT D'UNE CAMIONNETTE, ACCOMPAGNÉ DE JULIETTE BINOCHE. IL A VOULU ENTRER À L'ÉLYSÉE POUR REMETTRE AU PRÉSIDENT DES SACS CONTENANT LES FAMEUX SELFIES.
BFM TV
DEVANT LE REFUS DES ÉQUIPES DE SÉCURITÉ, IL A SIMPLEMENT DIT : « C'EST PAS GRAVE, ON VA FAIRE UNE MANIF ! »
UNE MANIF ?
OUI, IL A VIDÉ LES SACS DANS LA RUE !
BFM TV
CYRIL HANOUNA A D'AILLEURS PUBLIÉ CE SELFIE DE LUI DEVANT UNE MARÉE DE SELFIES S'ENVOLANT VERS L'ÉLYSÉE.
#RENDSLELYSEE
...
BRICE, C'EST AUSSI CE SOIR QU'ON A OBTENU LES RÉSULTATS DU PREMIER SONDAGE AVEC CYRIL HANOUNA. ET C'EST UNE RÉVOLUTION !
OUI ! MARINE LE PEN EN TÊTE, EMMANUEL MACRON DEUXIÈME, JUSTE DEVANT... CYRIL HANOUNA !
YANNICK JADOT PASSE QUATRIÈME ! LA DROITE EST LOIN DERRIÈRE.

COMMENT L'EXPLIQUE-T-ON, BRICE ?
LES FRANÇAIS SONT PARTAGÉS SUR LA PERSONNALITÉ DE CYRIL HANOUNA, MAIS ILS AIMENT SON PROGRAMME.
SON PROGRAMME ?
OUI, RUTH.
LE DISCOURS DE CYRIL HANOUNA, PROTECTEUR POUR LES PAUVRES ET LES RETRAITÉS, LIBÉRAL POUR LES TRAVAILLEURS INDÉPENDANTS ET LES PME, SÉDUIT.
NAL FACTORY
Les Studios de Boulogne
SA PROPOSITION DE RÉUNIR LA FRANCE DES BANLIEUES ET CELLE DES RONDS-POINTS EST PLÉBISCITÉE.
ON PEUT DIRE QUE LE BARRAGE DÉMOCRATIQUE N'A PAS FONCTIONNÉ, BRICE...
2022
CYRIL HANOUNA APPARAÎT COMME LE CANDIDAT DE TOUS LES TERRITOIRES CONTRE PARIS ! ON PARLAIT DE HOLD-UP L'AUTRE JOUR...
LOGE HANOUNA
BABA 2022
C'EST UN HOLD-UP !
C8
JULIEN...
QUELQU'UN POUR TOI !
HANOUNA PRESIDENT
BABA 2022

BABA
CLARISSA ?
C'EST TON ÉQUIPE DE CAMPAGNE ?
BABA 2022
DARKA
C8
#RENDS LELYSÉE
OUI ! ON A TROP DE VOLONTAIRES, ON EN REFUSE !
Y EN A QUI VIENNENT DE TELLEMENT LOIN QU'ILS DORMENT ICI !
HANOUNA PRÉSIDENT
ASAS
ÉCOUTE, JE SUIS DÉSOLÉE DE CE QUE JE T'AI DIT SUR ZOOM.
MOI AUSSI, JE SUIS DÉSOLÉ. VIENS VOIR !
BABA 2022
ON ANALYSE TOUS LES RÉSEAUX EN TEMPS RÉEL. ON A DÉVELOPPÉ UN OUTIL POUR ÇA, ON L'APPELLE "LA MACHINE". ON TOUCHE PLUS DE 20 MILLIONS D'ÉLECTEURS ! SUR FACEBOOK, INSTAGRAM, TWITTER, TIKTOK, WHATSAPP, YOUTUBE...
BABA 2022
#RENDS LELYSÉE
CHAQUE PERSONNE ICI EST CONNECTÉE À UNE CENTAINE DE GROUPES FACEBOOK ET GÈRE DES DIZAINES DE COMPTES DIFFÉRENTS !
ET... LA PRESSE ?
RENDS L'ÉLYSÉE
B2 BA0 BA

LA PRESSE, T'OUBLIES ! POUR LES FANZOUZES, ELLE EST DU CÔTÉ DU POUVOIR.
POUR LE FINANCEMENT, VOUS FAITES COMMENT ?
#RENDS LELYSEE
YASSINE !
ON LANCE LA "CAMPAGNE À 1 EURO !" TU NOUS DONNES JUSTE 1 EURO ET TU PEUX MÊME TE FAIRE REMBOURSER 66 % PAR L'ÉTAT ! DONC, AU FINAL, ÇA TE COÛTE QUE 44 CENTIMES.
PRESIDENT
MAIS TOUT LE MONDE SAIT QU'IL FAUT 20 MILLIONS POUR FAIRE UNE CAMPAGNE !
ON A 20 MILLIONS DE FOLLOWERS !
LE PLUS IMPORTANT POUR CYRIL, C'EST QU'ON NE DÉPENDE DE PERSONNE. ET ON A LE SLOGAN : "LE PRÉSIDENT QUE VOUS POUVEZ VOUS PAYER !"...
2022
ÇA CLAQUE, NON ?
HANOUNA PRESIDENT
BABA Un président comme ça 2
#RENDS LELYSEE
AU FAIT, JULIEN, C'EST BON POUR COLUCCI, IL VIENT !
JULIEN, TU NE CROIS PAS QUE LA PLAISANTERIE A ASSEZ DURÉ ?
ON EST LANCÉS MAINTENANT. TES PARENTS N'ONT PAS... CHANGÉ D'AVIS ?
NON.
MOI NON PLUS.
BABA un président comme ça 2022
#RENDS LELYSEE

AH AH AH!
AH AH AH!
AH AH!
ON PEUT DIRE QU'HANOUNA, C'EST LA POLITIQUE LOW COST. ON PEUT LE SOUTENIR POUR 1 EURO!
PAS CHER, IL FAUT LE DIRE VITE! BOLLORÉ A QUAND MÊME VERSÉ 250 MILLIONS D'EUROS À HANOUNA, J'VOUS L'RAPPELLE... J'SUIS PAS SÛR QU'ON AIT LES MOYENS!
MAIS DU COUP, HANOUNA VA PASSER SES VACANCES SUR LE YACHT DE BOLLORÉ, AVEC SARKO?
AH AH!
T'EMBROUILLES TOUT, ALEX!
UTILISER COLUCHE POUR FAIRE CAMPAGNE, JE TROUVE QUE C'EST DU RECEL DE COMIQUE! VOIRE MÊME DU RECEL DE CADAVRE!
AH AH!
OUI! ET NOUS, ON N'AIME PAS BIEN ÇA!
DU COUP, ON LANCE UNE PÉTITION INTITULÉE "HANOUNON" SUR CHANGE.ORG! TOUS LES COMIQUES ONT SIGNÉ, MÊME GAD ELMALEH!
POUR UNE FOIS QU'IL A LE DROIT DE SIGNER LE TEXTE DE QUELQU'UN D'AUTRE!
AH AH AH!
ON EST HEUREUX D'OFFRIR AUX 1000 PREMIERS SIGNATAIRES CE MAGNIFIQUE TEE-SHIRT "DARKA VADOR"!
DARKA VADOR
IL NE FAUT PAS PLAISANTER AVEC LA DÉMOCRATIE, ET CE SONT DES HUMORISTES QUI VOUS LE DISENT!

CYRIL HANOUNA EST À ÉGALITÉ AVEC MACRON DANS LES SONDAGES. IL A UNE DYNAMIQUE INCROYABLE, SON OPÉRATION À 1 EURO CARTONNE... ÇA NE VOUS INQUIÈTE PAS ?
PFF... C'EST UN CLOWN QUI VEUT DEVENIR PRÉSIDENT, MAIS IL EST CHAQUE JOUR PLUS CLOWN QUE PRÉSIDENT !
BON, ON DÉMARRE ?
CYRIL HANOUNA VEUT VOILER LA FRANCE POUR MIEUX LA VIOLER !
IL VA LIVRER NOTRE PAYS AUX QUARTIERS ET EN FAIRE UNE GRANDE ZONE DE NON-DROIT !
ÇA PART FORT !
?
VBRR
BIP BIP !

CYRIL HANOUNA FAIT CAMPAGNE AVEC LES MILLIONS DE VINCENT BOLLORÉ... CE N'EST PAS UNE ÉLECTION...
C'EST UNE O.P.A. !
VBRRR
BIIIP
BIPBIP
VBRRR
VBRRR
VBRRR
SANS COMPTER LES...
PFF!
Cyril Hanouna @Cyril... 30s
Te chauffe pas, on s'en
fout d'la madame
Rien à foutre d'elle tant
qu'la rue m'valide
Devant ma team, galope,
Slalome, Marine !
#MarineDegage
BFM TV.
7 50 15
mm ?
C'EST QUOI ÇA ?
C'EST DU JUL, LE RAPPEUR...
LCI
C'EST MOI, LA MADAME ?
TAXI PARISIEN

MES BEAUTÉS, CE SOIR, JE REÇOIS UN VRAI ENFOIRÉ !
LE FILS DE COLUCHE !
ROMAIN COLUCCI !
clap clap clap clap clap clap clap
Moi je file un rencard à ceux qui n'ont plus rien...
Sans idéologie, discours ou baratin...
On vous promettra pas les toujours du grand soir
OUAIS !
clap clap clap
Mais juste pour l'hiver à manger et à boire...
JE M'ADRESSE AUX FACHOS DE LEPEN ET AUX BOBOS DE FRANCE INTER ! COLUCHE N'APPARTIENT À PERSONNE !
MERCI, MON ROMAIN !
CYRIL... ACCEPTERAIS-TU DE DEVENIR PRÉSIDENT DES RESTOS DU COEUR ?
NON, ROMAIN, J'AI TROP DE RESPECT !
LES RESTOS ! LES RESTOS ! LES RESTOS !
NON, VRAIMENT, JE NE PEUX PAS !
LES RESTOS ONT BESOIN DE TOI, CYRIL !

ALORS J'ACCEPTE!
YES!
BRAVO!
OUAIS!
clap clap clap clap clap clap clap clap clap clap clap clap clap
MERCI MON ROMAIN!
ROMAIN, TU CONNAIS DIAM'S? ALLEZ, ON CHANTE TOUS!
clap clap clap
MA FRANCE À MOI, ELLE PARLE FORT!
MA FRANCE À MOI, C'EST PAS LA LEUR...
CELLE QUI VOTE EXTRÊME!
MA FRANCE À MOI, ELLE VIT AU MOINS,
ELLE L'OUVRE AU MOINS...
JUSTICE POU
ADAMA
ELLE RIT!
LA LA LA...
AHAHAH AHAHAH!
Zénith
20 EUROS LE TEE-SHIRT!
10 BALLES L'ÉCHARPE!
HANOUNA
#POUCE AUX MEDIAS
BABA 2022

COMME VOUS POUVEZ LE VOIR SUR CES IMAGES...
YES BABA
HANOU
NO MACRON
UK
ILS SONT VENUS DE TOUTE LA FRANCE.
BABA 2022
B
ET ILS SONT NOMBREUX À AVOIR DORMI DEVANT LE ZENITH DE LILLE
PARFOIS DANS LEUR TENTE, COMME ON PEUT LE VOIR DERRIÈRE MOI.
BFM TV
LA PRESSE, ELLE, N'A PAS ÉTÉ AUTORISÉE À ENTRER ! LE CANDIDAT REFUSE TOUJOURS LES INTERVIEWS.
HANOUNA PRÉSIDENT
BABA 2022
LÀ C'EST BIEN !
ON VOIT BIEN !
CYRIL ARRIVE...
ON VA VOUS INSTALLER !
SOPHIE !
TU LEUR DEMANDES LEUR NOM, LEUR MAIL ET S'ILS VEULENT FAIRE UN DON SANS CONTACT.
OK.

CYRIL VEUT LES GILETS JAUNES ET LE COMITÉ LOCAL AU PREMIER RANG ! LES VOLONTAIRES GARDENT LEURS PORTABLES ALLUMÉS ET ON LEUR DIT QUAND APPLAUDIR PAR TEXTO.
ATTENTION, ÇA DÉMARRE !
SHTUM !
YIHAA !
SHLOUF !
BONSOIR LILLE !
BONSOIR CYRIL !!!
DÉSOLÉ POUR LE RETARD, J'ÉTAIS AVEC EMMANUEL MACRON... ON PARLAIT ÉCOLOGIE !
AHAHAHAHAHAHAHAH
MANU, LA FRANCE, ELLE T'APPARTIENT PAS ! ON T'A PRÊTÉ L'ÉLYSÉE, C'EST LE MOMENT DE LE RENDRE !
ON VA FAIRE L'ÉTAT DES LIEUX ET ON VA RÉCUPÉRER LES CLÉS !
RENDS L'ÉLYSÉE ! RENDS L'ÉLYSÉE ! RENDS L'ÉLYSÉE !

ET TOI, MARINE LE PEN...
OUUUH!
PAUV'MERDE!
DÉGAGE!
CONNASSE!
BABA
TU ES LÀ DEPUIS 30 ANS!
30 ANS QU'ON TE PAYE AVEC NOTRE ARGENT.
TU ES AUSSI CORROMPUE QU'EUX! POURQUOI ON VOTERAIT POUR TOI?!
MARINE DÉGAGE! MARINE DÉGAGE! MARINE DÉGAGE!
#HANOUNA 2022
MES CHÉRIS, ON VA FAIRE UNE DARKA! VOUS SAVEZ POUR QUI ON VA VOTER?
HANOUNA! HANOUNA! HANOUNA!
HANOUNA
R.I.C. Forever
ON VA VOTER POUR NOUS!
ENFIN!
clap clap clap clap OUAiiiS!! clap clap clap clap clap clap clap clap

J'AI ÉTÉ BON ?
C'EST LE PREMIER MEETING, ÇA VA SE RODER.
LOGES
CYRIL HANOUNA
TU PEUX PAS DIRE "CYRIL, T'AS ÉTÉ GÉNIAL" COMME TOUT LE MONDE ?
MM ?
NON...
OH MERDE ! REGARDE LA UNE DE L'EXPRESS !
JOHN RAWLS LE FILM
USA : UNE GUERRE CIVILE EN LIGNE
THÉORIE DU GENRE FIN D'UN MYTHE
l'express
LA TENTATION DES INTELLECTUELS
"CE JUIF QUI PARLE VOLONTIERS ARABE, CE FILS D'IMMIGRÉ TUNISIEN QUI SE PRÉNOMME VALÉRY, CET HOMME DE TÉLÉVISION QUI SE PIQUE DE POLITIQUE, CET ENFANT DES LILAS QUI A CONQUIS PARIS ET QUI 'PARLE' AUX GILETS JAUNES, QU'ON LE VEUILLE OU NON, SYMBOLISE LA FRANCE D'AUJOURD'HUI."
SIGNÉ ATTALI.
INCROYABLE ! COMMENT T'AS FAIT ÇA ?
BEN JUSTEMENT, J'Y SUIS POUR RIEN.
CYRIL HANOUNA

C'EST OFFICIEL ! HANOUNA A LES 500 SIGNATURES !
19H Ruth Elkrief
EH OUI, RUTH, LA DYNAMIQUE DE CYRIL HANOUNA MET TOUT LE MONDE SOUS PRESSION !
LE PEN EST À 23 %, MACRON ET HANOUNA AU COUDE-À-COUDE À 20 %, ET JADOT À 18 %.
CYRIL HANOUNA ATTIRE DE NOUVEAUX ALLIÉS, DONT LA DÉPUTÉ LREM AURORE BERGÉ, QU'ON ÉCOUTE.
FIDÈLE À MES IDÉES, J'AI DÉCIDÉ DE SOUTENIR CYRIL HANOUNA ! EN TANT QU'ÉLUE DE BANLIEUE, J'AI FAIT LE CHOIX DE LA RUPTURE, TOUT SIMPLEMENT.
ON DIT QUE MIMI MARCHAND, LA FAMEUSE "MIMI", EST AU PREMIER RANG DE SES MEETINGS. COMME ELLE L'ÉTAIT EN 2017 POUR UN CERTAIN... EMMANUEL MACRON !
BRICE, JE VOUS INTERROMPS, CAR VOICI JUSTEMENT, À QUELQUES JOURS DU PREMIER TOUR, EMMANUEL MACRON !
MES CHERS CONCITOYENS, UNE FORTUNE SINGULIÈRE PLACE AUJOURD'HUI NOTRE PAYS À LA MERCI D'UNE EXTRÉMISTE OU D'UN CLOWN. JE VOUS APPELLE À FAIRE LE CHOIX DE LA RAISON.
CE SOIR, PAR MA VOIX, C'EST LA FRANCE DE TOUJOURS, CELLE DE DE GAULLE ET DE CLEMENCEAU, QUI VOUS LE DEMANDE.
LE PRÉSIDENT FAIT TAPIS ! IL NE LUI RESTE PLUS BEAUCOUP DE CARTES À JOUER APRÈS CELLE-CI.
ON ATTEND, COMME D'HABITUDE, LES TWEETS DE CYRIL HANOUNA... ON ME FAIT SIGNE QU'IL N'Y A TOUJOURS RIEN...
AH, SI, LES VOILÀ !

76 504 1515
Afficher cette discussion
Cyril Hanouna @Cyril... 30s
On est tous des CLOWNS !
JOKER
WE ARE ALL CLOWNS
30 50 22
DOMINIQUEZOUZE 1mn
26 87 123
Nomask @ darkraoult...
Cyril Hanouna @Cyril... 5
Merci de ces images mes chéris
Quelle campagne de OUF !
Bisous
#CQueduKif
78 Retweets 35 Tweets cités 377 J'aim
BestFanzouze @ Best... 5 mn
En réponse à @ Cyrilhanouna
Merci à toi Président !
Cyril Hanouna @Cyril...
Au 1er tour, on dégage Manu, au 2e Marine !
NiManuNiMarine
30 50 22
BFM TV.
AH AH !
HANOUNA 2022
VVBRRR
Bolloré >
Maintenant on arrête.
Je vous avais prévenu. Il y a un moment où on rentre au port.
TIP TIP TIP TIP TIP
Bolloré >
On fait une campagne historique !
L'histoire ne compte pas. La grande erreur des hommes politiques, c'est qu'ils ne sont pas intéressés par l'avenir. Ils passent leur vie à écrire leur épitaphe. Ils sont déjà morts avant d'avoir vécu. Seul l'avenir m'intéresse, Julien.
Bolloré >
Mais comment on l'annonce à nos soutiens ?
Vous avez fait un travail fantastique. Je m'en souviendrai, le message est passé. Et bien passé. Débranchez tout.

BFM TV.
Mais comn
On l'annon
soutiens ?
Vous avez fait un
travail fantastique.
Je m'en souviendrai, l
message est passé.
Et bien passé.
Débranchez tout.
Supprim
Annuler
HANOUNA 2022
BFM TV.
HANOUNA 2022
Cyril Hanouna 5mn
COOL!
#HANOUNA TOUR
C'EST PARTI MES CHÉRIS !
Cyril Hanouna 1mn
#hellfest
#matemonucQuotidien
SENTENCES
Cyril Hanouna 3h
ON AMBIANCE LES
#VieillesCharrues
Vieilles Charrues
CHARRUES 2022
Cyril Hanouna 2mn
#ARGENTEUIL
Cyril Hanouna
Cyril Hanouna 1h
CARPENTRAS
GAULOIS EN COLÈRE
SOUTIEN AUX GILETS JAUNES
Cyril Hanouna 3mn
#Omnivore
#QueduKif
METALLI
MIAM !

Cyril Hanouna 5mn
Place de la République, Paris.
MACRON RENDS L'ELYSÉE
Place de la République
Cyril Hanouna 1j
#Kassdedi
SALON DU LIVRE, PARIS
Flash
Flash
FEUILLES BLANCHES LOL
Cyril Hanouna 3h
FUN!
#FastAndFurious
Cyril Hanouna 2mn
#Restos
Faites des Dons Mes Chéris!
Cyril Hanouna 1mn
SALON DE L'AGRICULTURE, Paris
En mode Rodeo!
ST EGREV
Cyril Hanouna 2h
MANIF!
#MotardsEnColère
TOUCHE PAS À MA MOTO
Cyril Hanouna 2mn
Avec #L214
DANS UN CAMP DE POULET
GROSSE RASSRAH!
FAUT QU'ON ARRÊTE ÇA!
Cyril Hanouna 6h
Fête de l'Huma, Paris
PCF STAND NATIONAL DES COMMUNISTES
Cyril Hanouna 1mn
#HANOUNA2022

Rechercher
Julien Accueil Créer
BABA Président 2022
en direct
Déjà abonné
Commentaires en temps réel.
Deja c clair j vote pr toi Baba T le meilleur
J'aime - Répondre
Raphaël Tenay
Grosse darka ou bien ?
J'aime - Répondre
MAMA Lakay. Les darons ?
Sandra XXL. ♡ BG !
Partager
Commenter
J'aime
Votre commentaire
2022 PRÉSIDENTIELLE
C NEWS, MA ! C NEWS !
C NEWS ?
AH NON, POUR LES ÉLECTIONS, JE VEUX UNE VRAIE CHAÎNE !
MAIS C'EST UNE VRAIE CHAÎNE, MA !
PFF !
...IL EST 19 H 58. DANS 2 MINUTES, NOUS AURONS LES RÉSULTATS DU 1er TOUR DE L'ÉLECTION PRÉSIDENTIELLE 2022 !
2
LES RÉSULTATS VONT... SURPRENDRE, LAURENT.
2022 PRÉSIDENTIELLE
OUI, C'EST LE MOINS QU'ON PUISSE DIRE, ANNE-SOPHIE ! ON VA VOIR LES VISAGES DES DEUX... FINALISTES S'AFFICHER À L'ÉCRAN.
1er TOUR
TIN TIN TIN TIN TIN
2022 PRÉSIDENTIELLE
MARINE LE PEN ET...
TIN TIN TIN

HUM...
CYRIL...
HANOUNA.
2022
PRÉSIDENTIELLE
ALORS... C'EST LA STUPEUR DANS TOUS LES ÉTATS-MAJORS, LAURENT...
BRAVO, MON BABA !
JE LE SAVAIS, C'ÉTAIT ÉCRIT !
C'EST OUF !
IL FALLAIT LE FAIRE, ON L'A FAIT ! MES CHÉRIS, JE VOUS AIME ! ON A DÉGAGÉ MANU ! ON VA DÉGAGER MARINE ! ON VA FAIRE UNE DARKA !!!
YIHAAAA !
DARKA !
BFM TV
HANOUNA 2022

SPU !
YES !
J'AI DE LA CHANCE, JE SUIS NÉ CLOWN DANS UNE ÉPOQUE DE CLOWNS ! NOS ADVERSAIRES S'ACHARNENT À RESPECTER LES RÈGLES...
MAIS IL N'Y A PLUS DE RÈGLES !
HAN !
FPA !
PAUL LARROUTUROU, "QUOTIDIEN". ÇA VOUS FAIT QUOI DE RESTER DANS L'HISTOIRE COMME CELUI QUI A FAIT ÉLIRE MARINE LE PEN ?

J'AI BATTU LE BANQUIER MACRON, JE BATTRAI L'HÉRITIÈRE LE PEN.
SPA!
MARIE VISOT, LE FIGARO. EN 2002, JEAN-MARIE LE PEN ÉTAIT PANIQUÉ À L'IDÉE DE SE RETROUVER AU DEUXIÈME TOUR... PARCE QU'IL N'AVAIT PAS LES MOYENS DE GOUVERNER. ET VOUS, VOUS NE PANIQUEZ PAS UN PEU LÀ, QUAND MÊME?
SPU!
POURQUOI JE PANIQUERAIS ?
ON EST DES MILLIONS! MES AMIS GILETS JAUNES, LES PRÉCAIRES, LES CHÔMEURS, MES POTES DE BANLIEUE, LEURS MAMANS... ON EST TOUS LÀ !
VOUS NE RÉPONDEZ PAS À MA QUESTION.
SBU!
HAN!
OH, LÀ LÀ ! MAGNIFIQUE!
TRENTE-ZÉRO !
ENCORE UNE, ET C'EST BALLE DE MATCH !
DSK À L'ÉCONOMIE, DIDIER RAOULT À LA SANTÉ, ASSA TRAORÉ À LA JUSTICE, MARLÈNE SCHIAPPA À L'INTÉRIEUR, JULIETTE BINOCHE À LA CULTURE, JUAN BRANCO À L'ÉDUCATION, JEAN-LOUIS BORLOO AUX SPORTS... C'EST PAS SÉRIEUX !
SPAF
SPU!
JEU, SET ET MATCH ! DARKAAAA !!!

C'EST MON COMMUNICANT, IL EST CLASSÉ, HEIN !
MAIS PAS DE MON NIVEAU !
BON, ALLEZ, ON SE MOQUE DE NOUS.
VOUS SAVEZ CE QUI VOUS DÉRANGE ? POUR LA PREMIÈRE FOIS, LES FRANÇAIS ONT CHOISI LEUR GOUVERNEMENT !
MAIS ILS L'ONT CHOISI À LA TÉLÉ !
ET ALORS ? LES FRANÇAIS CHOISIRONT LEURS MINISTRES À LA TÉLÉ, ILS LES VIRERONT À LA TÉLÉ ! ILS VOTERONT LES LOIS À LA TÉLÉ. ON DISTRIBUERA UN BOÎTIER DE VOTE À CHACUN D'EUX ET ON FERA UN RÉFÉRENDUM PAR MOIS !
UN BOÎTIER ?
CE SERA UN MAGNIFIQUE BOÎTIER NOIR, AVEC DES TOUCHES BLANCHES, GRÂCE AUQUEL CHAQUE FRANÇAIS POURRA DÉCIDER DE L'AVENIR DU PAYS !
VOTEZ POUR MOI ! JE PLIE LE MATCH !
COMME AUJOURD'HUI !

ON EST CHEZ NOU
LE GARS DE LA MARINE
POLICE
LE GRAND DÉBAT

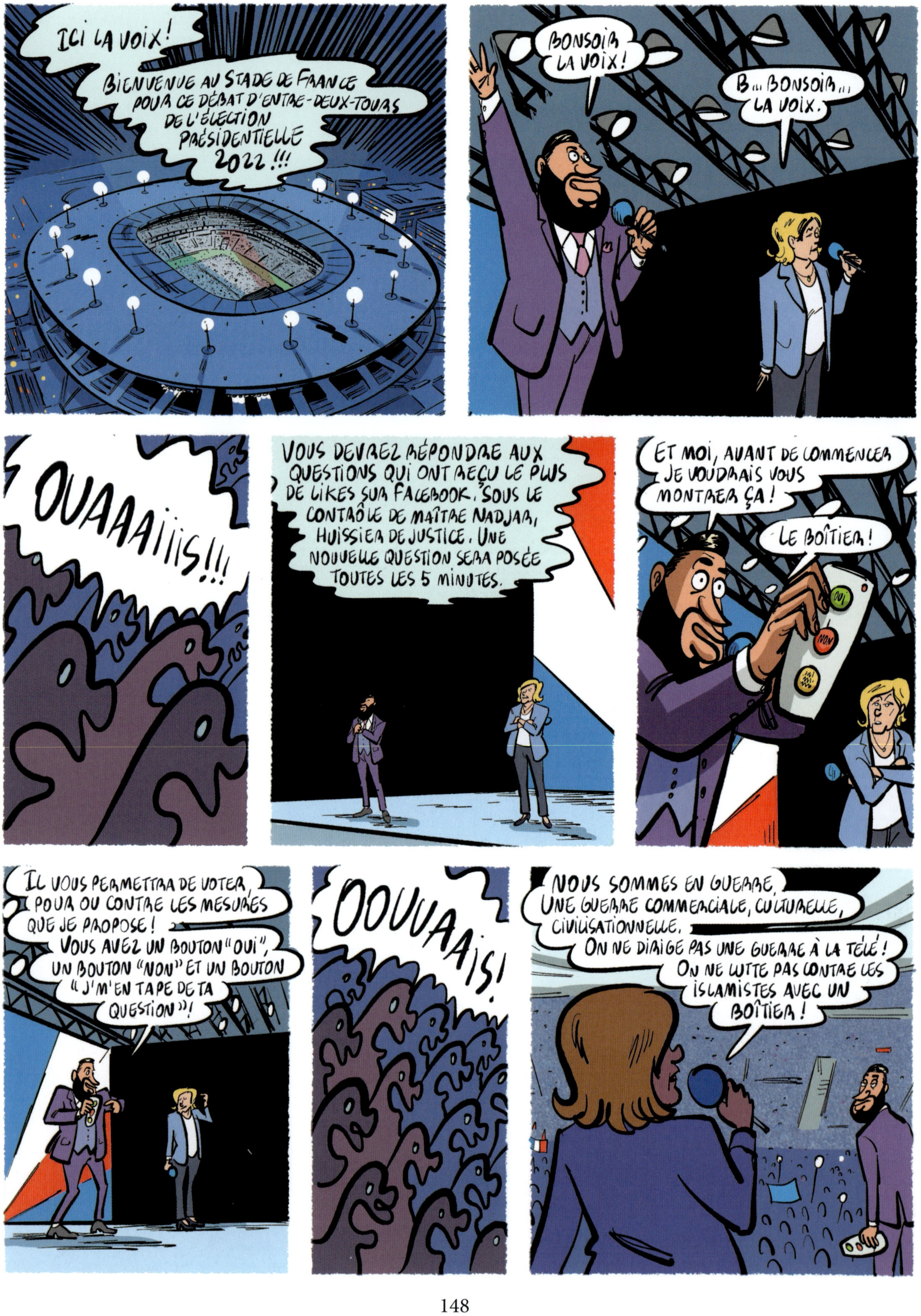
ICI LA VOIX !
BIENVENUE AU STADE DE FRANCE POUR CE DÉBAT D'ENTRE-DEUX-TOURS DE L'ÉLECTION PRÉSIDENTIELLE 2022 !!!
BONSOIR LA VOIX !
B... BONSOIR... LA VOIX.
OUAAAIIIIS !!!
VOUS DEVREZ RÉPONDRE AUX QUESTIONS QUI ONT REÇU LE PLUS DE LIKES SUR FACEBOOK. SOUS LE CONTRÔLE DE MAÎTRE NADJAR, HUISSIER DE JUSTICE. UNE NOUVELLE QUESTION SERA POSÉE TOUTES LES 5 MINUTES.
ET MOI, AVANT DE COMMENCER JE VOUDRAIS VOUS MONTRER ÇA !
LE BOÎTIER !
OUI
NON
IL VOUS PERMETTRA DE VOTER POUR OU CONTRE LES MESURES QUE JE PROPOSE !
VOUS AVEZ UN BOUTON "OUI", UN BOUTON "NON" ET UN BOUTON "J'M'EN TAPE DE TA QUESTION" !
OOUUAAAIS !
NOUS SOMMES EN GUERRE, UNE GUERRE COMMERCIALE, CULTURELLE, CIVILISATIONNELLE.
ON NE DIRIGE PAS UNE GUERRE À LA TÉLÉ !
ON NE LUTTE PAS CONTRE LES ISLAMISTES AVEC UN BOÎTIER !

ÊTES-VOUS D'ACCORD POUR PAYER TOUS LES POLITIQUES FRANÇAIS AU SMIC, EN SUPPRIMANT LES LOGEMENTS ET LES VOITURES DE FONCTION ?
CETTE QUESTION A REÇU 1 312 403 LIKES !
JE VOTE POUR !
TOUS LES DÉPUTÉS ET LES MINISTRES, AU SMIC ! JE TRANSFORMERAI L'ÉLYSÉE EN MAISON POUR TOUS ! CE SERA LA MJC DU 8e ARRONDISSEMENT !
VOUS ÊTES UN BOUFFON DE CARNAVAL QUI AMUSE LA GALERIE ! LE SMIC POUR LES MINISTRES MAIS PAS POUR VOS AMIS LES COMÉDIENS, LES FOOTBALLEURS OU LES PATRONS ?
ET LES CHEFS D'ÉTAT ÉTRANGERS, VOUS ALLEZ LES RECEVOIR SUR VOTRE PLATEAU ?
ON LES RECEVRA AU RESTAURANT ! ET ILS PAIERONT LEUR PART ! VOUS AVEZ ENVIE D'INVITER TRUMP À DÎNER, VOUS ?
MAIS VOUS NE SAVEZ MÊME PAS À COMBIEN EST LE SMIC ! VOUS AVEZ TOUCHÉ 250 MILLIONS DE BOLLORÉ ! VOUS TOUCHEZ COMBIEN POUR MENTIR AUX FRANÇAIS ?
PFF !
QUE FAIRE DE LA DETTE PUBLIQUE ? N'EST-CE PAS UN POIDS QUE NOUS LÉGUONS À NOS ENFANTS ? CETTE QUESTION A REÇU 1 150 380 LIKES !
OOUH !
OUUH !
OOUUH !
OOUUUH !
OOOUH !
C'EST SIMPLE, ON NE VA PAS LA REMBOURSER !
JE VEUX QUE CHACUN PUISSE DÉCIDER À QUOI SERVIRA L'ARGENT DE SES IMPÔTS.
HA, HA !
MAIS C'EST IMPOSSIBLE ! ON NE PEUT PAS GÉRER ÇA AVEC 40 MILLIONS DE CONTRIBUABLES ET 274 MILLIARDS D'IMPÔTS ? QUI VA PAYER POUR LES POUBELLES !
RIEN N'EST IMPOSSIBLE !

ÊTES-VOUS POUR UN RENFORCEMENT DE LA LAÏCITÉ OU, AU CONTRAIRE, POUR SON ASSOUPLISSEMENT ? CETTE QUESTION A REÇU 731 000 LIKES !
VBRRR!
Jannick Alimi
C'est un naufrage ! Tu te rends compte de ce que tu as fait ?
Message
BIEN SÛR QU'IL FAUT RESPECTER LES RELIGIONS !
LA LIBERTÉ D'EXPRESSION, OK, MAIS FAUT PAS EXAGÉRER !
CANAL FACTORY
BFM TV
The Guardian
Brainxit
The New York Times
Who will pay for the garbage
DER SPIEGEL
DUMPKAMPF
The Washington Post
« Match nul! »
EL PAÍS
Quien pagare por los contenedores ?

Brice, Marine Le Pen est apparue comme la plus crédible dans le débat. Mais tout n'est pas perdu pour Cyril Hanouna.
Non, Ruth. Les bureaux de vote sont désertés dans les grandes villes, mais on assiste à une mobilisation historique des électeurs dans les zones rurales et en banlieue. Aux Lilas, Cyril Hanouna n'a pu accéder à "son" bureau de vote qu'après 2 heures d'attente.
BFM TV.
Deux heures passées à faire des selfies devant les caméras !
Sans la mobilisation de Paris, Lyon ou Bordeaux, on s'attend à un taux d'abstention record au plan national.
Un très grand nombre de partis et d'associations réclament déjà l'annulation de l'élection...
BFM TV.
VBRAAA!
Gaël > 1815
Salut Julien, Franchement, tu m'as bluffé. Je serais fier d'être à tes côtés, vieux !
Je t'envoie les résultats. Tu es le premier à les avoir. A priori, ça ne changera plus maintenant.
VBRRR!